Katrin Rönicke
Beate Uhse

Katrin Rönicke

Beate Uhse

Ein Leben gegen Tabus

Residenz Verlag

Bibliografische Information der Deutschen Nationalbibliothek
Die Deutsche Nationalbibliothek verzeichnet diese Publikation in
der Deutschen Nationalbibliografie; detaillierte bibliografische Daten
sind im Internet über http://dnb.dnb.de abrufbar.

www.residenzverlag.at

© 2019 Residenz Verlag GmbH
Salzburg – Wien

Umschlaggestaltung: BoutiqueBrutal.com
Typografische Gestaltung, Satz: Lanz, Wien
Lektorat: Christine Dobretsberger
Gesamtherstellung: CPI books GmbH, Leck

ISBN 978 3 7017 3466 5

Inhalt

Vorwort

Die Marke »Beate Uhse« war laut Branchenberichten noch um die Jahrtausendwende 98 Prozent aller Deutschen bekannt – ein Bekanntheitsgrad, der viele andere Unternehmer japsen lässt. Ein Traumwert. Doch dieser Wert kam nicht aus dem Nichts. Bereits Ende der 1940er Jahre hatte Beate Rotermund, wie sie mit bürgerlichem Namen nach der zweiten Hochzeit hieß, ihr Versandgeschäft im Erotikbereich gestartet, das ab 1951 offiziell unter dem Namen »Beate Uhse« (der Name stammt aus ihrer ersten Ehe mit dem im Krieg verstorbenen Hans-Jürgen Uhse) an den Markt ging. Sie hatte also gut fünfzig Jahre Zeit gehabt, eine Marke zu etablieren, noch dazu in einem so begehrten Bereich. Doch genau diese Bekanntheit und das große öffentliche Interesse an ihrem Geschäft wie auch an ihrer Person, die immer stark mit dem Unternehmen verknüpft war, macht es heutigen Biografen schwer, die wirkliche Geschichte der Beate Rotermund, die am 25. Oktober 2019 100 Jahre alt geworden wäre, nachzuzeichnen.

Sie selbst hat zwei Autobiografien (zusammen verfasst mit Ulrich Pramann) vorgelegt, die erste 1989, pünktlich zu ihrem 70. Geburtstag, dann eine leicht überarbeitete Version, die 2001, ihrem Todesjahr, erschienen ist. Die darin geschilderte Geschichte jedoch ist nicht nur die Geschichte einer deutschen

Frau, sie musste auch eine *gute* Geschichte sein, eine, die der Marke »Beate Uhse« keinen Schaden zufügte. Man tut deswegen gut daran, die geschilderten Episoden, die Beate Rotermund selbst aufgeschrieben hat (oder hat aufschreiben lassen), immer wieder kritisch zu hinterfragen: War das wirklich so? Oder ist das ein Teil des Marketings eines Millionenunternehmens? Um der Falle zu entgehen, eine Geschichte zu wiederholen, die mehr Marketing als echte Biografie ist, bezieht das vorliegende Buch seine Informationen so weit wie möglich aus Primärquellen, die einerseits aus dem Umfeld Beate Uhses stammen (Familie und Mitarbeiter) und andererseits aus Archivmaterial. Hierbei wird auffallen, dass es teilweise Abweichungen von der bisher verbreiteten Geschichte gibt. Etwa bei den Schilderungen über die sogenannte »*Schrift X*«, mit der Beate Rotermund Frauen in der Nachkriegszeit über die Verhütungsmethode nach Knaus-Ogino informierte (eine frühe Version der heute »Natürliche Familienplanung« genannten Methode, die versucht, den Zyklus und damit die fruchtbaren Tage der Frau vorherzusagen). In ihrer Autobiografie und auch im Film »Beate Uhse – Das Recht auf Liebe« (mit Franka Potente in der Hauptrolle) wird es stets so dargestellt, als sei die Idee, die *Schrift X* zu verbreiten, allein aus dem Drang entstanden, den Frauen in der Nachkriegszeit zu helfen. Sie aufzuklären und vor den sogenannten »Engelmachern«, wie windige Abtreibungs-Anbieter in der Zeit genannt wurden, zu bewahren. Denn Abtreibungen waren, durch ihre Illegalität und auch gesellschaftliche Stigmatisierung, in der Regel eine für die Frau gefährliche Angelegenheit. Bei der Recherche für dieses Buch berichteten der Adoptivsohn Dirk Rotermund sowie ein ehemaliger Angestellter bei Beate Uhse, dass diese Darstellung der Geschichte dem Kopf eines ebenfalls bei Beate Uhse angestellten Werbetexters entsprang. Beate Rotermund sei nach dem Krieg schlicht auf der Suche nach Möglichkeiten gewesen, Geld zu verdienen. Sie habe weniger aus einer idealistischen, als vielmehr aus einer geschäftlichen Motivation heraus mit dem Vertrieb dieser berühmten *Schrift X* begonnen. Diese von den beiden als »die Beate-Uhse-Story« bezeichnete und geschönte Version ist also ein Teil der Firmen-PR gewesen und so sind es vermutlich auch einige weitere Teile in der bislang über Beate Uhse / Rotermund bekannten Biografie. Dieses Buch versucht deshalb eine Abgrenzung durch Fakten (soweit bekannt und verfügbar) von der »Beate-Uhse-Story«.

Die Biografie von Beate Uhse / Rotermund ist ein spannendes Stück Zeitgeschichte, das einen tiefen Blick in die gesellschaftlichen Veränderungen der Bundesrepublik Deutschland wirft. Das betrifft die unmittelbare Nachkriegszeit, den Kampf für eine moderne Sexualmoral und eine ebenso moderne Gesetzgebung (bis in die 1970er Jahre), die Veränderungen, die mit dem Ende des Sozialismus einhergingen, sowie auch die Disruptionen, die schlussendlich das Internet gerade auch für den Erotik-Fachhandel mit sich brachte. Das Leben, das Beate Rotermund führte, stand mit fast allen diesen Herausforderungen in enger Wechselbeziehung und sie selbst hat es stets gut verstanden, ihr Geschäft und dessen Entwicklung wie auch Fortbestand bestmöglich an die neuen gesellschaftlichen Umstände anzupassen. Man kann es nicht anders sagen: Beate Rotermund war eine der erfolgreichsten Geschäftsfrauen der deutschen Nachkriegsgeschichte.

Hinter dieser Geschäftsfrau allerdings konnte sich die private Beate relativ gut verstecken. Sie hat stets selbst bestimmt, wie diese Privatperson im Spiegel der Medien erscheint. Mit nur einer Ausnahme: Das Ende ihrer Ehe mit Ernst-Walter Rotermund, kurz: Ewe, Anfang der 1970er Jahre wurde, vor allem durch dessen Eigeninteresse, einer Mischung aus Rache und Gier, breit und von Beate Rotermund nicht mehr kontrollierbar durch die Boulevardpresse zu einem Skandal aufgebauscht. Allen voran die *BILD*-Zeitung, an die der Ex-Ehemann sich immer wieder mit vermeintlich brisantem Material und pikanten Einblicken in das Privatleben der früheren Eheleute wandte. So landete die Geschichte der Affäre mit einem 25 Jahre jüngeren schwarzen Lehrer aus New York, John Holland, in der Öffentlichkeit, die sich einige Zeit wie eine Hyäne daraufstürzte. Eine Geschichte, die Beate natürlich irgendwie in ihrer Autobiografie aufgreifen musste, da sie ja längst in der Welt war, die sie aber wie alles in ihrem Leben als eine Happy-End-Geschichte aufbereitete, eine, in der ihr schwarzer Freund und sie selbst sich mit Liebe, Zärtlichkeit und engem Vertrauen zehn Jahre lang verwöhnten. Dass sie viele Jahre nach dieser Episode ihrem John einen barschen Brief schrieb, in dem von Liebe und Vertrauen keine Rede mehr sein kann, das findet man in ihrer eigenen Version natürlich nicht – dafür aber in den vielen Unterlagen des Beate-Uhse-Archivs in der FZH (Forschungsstelle für Zeitgeschichte) in Hamburg.

Im vorliegenden Buch kommen daher zum ersten Mal auch einige der wahren Geschichten hinter der »Beate-Uhse-Story« zum Vorschein. Facetten, die manches Mal das Heroische unterminieren, oft aber auch das allzu Menschliche der Person Beate Rotermund untermauern.

»Alle nannten sie Beate«

Beate Uhse heißt seit der Eheschließung mit Ernst-Walter Rotermund mit bürgerlichem Namen Beate Rotermund, die von ihr gegründete Firma heißt aber nach ihrem ersten Ehemann: Uhse. Deswegen wird im vorliegenden Buch der Name »Beate Uhse« nur zur Bezeichnung der Firma verwendet. Um die Privatperson hinter der Firma zu benennen, wird entweder von »Beate Rotermund« die Rede sein, oder einfach nur von »Beate« – so wie es in der Firma und im gesamten Bekanntenkreis auch üblich war.

Kapitel 1:
Kindheit und Jugend

Beate Köstlin wurde als drittes Kind des Landwirts Otto Köstlin (1871–1945) und der Ärztin Margarete Köstlin-Räntsch (1880–1945) am 25. Oktober 1919 in Wargenau bei Cranz im damaligen Ostpreußen geboren.

Sie war eine kleine Nachzüglerin nach ihrem zwölf Jahre älteren Bruder Ulrich und der zehn Jahre älteren Elisabeth. Doch das hat Beate stets als großen Vorteil empfunden. Wer als Eltern schon zwei Kinder großgezogen hat, den kann so schnell nichts mehr aus der Fassung bringen. »Sie waren gelassen geworden«, schrieb Beate in ihrer Autobiografie[1], »sie ließen sich nicht mehr verrückt machen und mich ziemlich wild aufwachsen.«

Otto Köstlin war ein Landwirt aus Schwaben, dem das Gut des Vaters nicht vergönnt gewesen war, da dies traditionell an den erstgeborenen Sohn zu gehen hatte. Otto jedoch war der drittjüngste. Dennoch wollte er gern den Beruf des Vaters ergreifen. Er studierte Landwirtschaft, wurde landwirtschaftlicher Assistent und schließlich Pächter einiger Höfe und Güter, zuletzt in Quarnbek bei Kiel. Als 1917 der Besitzer dieses Gutes Eigenbedarf anmeldete, beschlossen die Köstlins, dass es Zeit war, ein eigenes Gut zu kaufen und zu bewirtschaften. Wargenau in Ostpreußen war für die junge Familie genau richtig, denn es war trotz seiner Größe durchaus erschwinglich, was vor allem daran gelegen haben dürfte, dass es auf der Landkarte wirklich weitab vom Schuss – eben in Ostpreußen, nahe Cranz (das heute Selenogradsk heißt) – lag und ein Badeort an der russischen Samlandküste ist. In Cranz sollte Beate später, wenigstens kurz, die Schule besuchen. Der Schriftsteller und Literaturnobelpreisträger Patrick White schrieb einst über Cranz, das er in den 1930er Jahren besucht hatte: »Ich erinnere mich an das kleine Ostseebad Cranz, am Rande der Stadt bis zu den Knöcheln in den schweren weißen Sand einsinkend, genauso wie in den Straßen mit den weißgekalkten Holzhäusern, auf denen das Licht dicht und golden wie der Bernstein lag, der entlang der Küste gefunden wurde. (…) es war aus der Zeit gefallen und hatte keine Verbindung zu irgendeinem Land, das ich besucht hatte.«

Margarete Köstlin-Räntsch, Beates Mutter, war nun nicht irgendjemand. 1880 als Tochter des Brauereidirektors Friedrich Carl Leopold Räntsch in Berlin geboren, ist sie in großbürgerlichen Verhältnissen aufgewachsen – dabei mangelte es nicht an Bildung und Ausbildung: Sie besuchte eine Höhere-Töchter-Schule, wo sie Latein und Altgriechisch lernte. Und sie hatte das Glück, eine wichtige Persönlichkeit der deutschen Frauenbewegung nicht nur kennenzulernen, sondern auch von ihr unterrichtet zu werden: Helene Lange. Als Margarete Räntsch zur Schule ging, war für Mädchen das Abitur nicht vorgesehen – etwas, wogegen Helene Lange sich entschieden stellte. Nicht nur schrieb sie Brandbriefe gegen die Bildungsungerechtigkeit, der Mädchen damals ausgesetzt waren, sie gründete auch eigene Kurse, die es Mädchen ermöglichen sollten, das Abitur ganz genau wie die Jungen zu machen. 1896 konnten dank dieses Engagements zum ersten Mal sechs Schülerinnen am Königlichen Luisengymnasium in Berlin das Abitur machen und so, 15 Jahre später, auch Margarete Räntsch – die Nummer 30 auf der Liste aller dokumentierten Mädchen, die auf diese Weise doch zum Abitur gelangten. Beates Mutter war damit eine der Pionierinnen der deutschen Frauenemanzipation. Und sie setzte noch eins drauf: An der Universität Würzburg war sie eine von drei Frauen, die als erste dort studieren durften, und die erste überhaupt, die einen Doktor der »Hohen Medizinischen Fakultät« erlangte.

In einem späteren Briefwechsel mit der Berliner Gesellschaft für Geschichte der Medizin schrieb Beate Rotermund: »Wieso Margarete Medizin studierte weiss ich nicht – hat sie nie von gesprochen. Ich denke: – sie wollte es einfach.«[2]

Sie wollte es und sie wurde eine der ersten Ärztinnen in ganz Deutschland. Was ebenso wichtig und durchaus damals nicht selbstverständlich war: Auch nach der Ehe praktizierte Margarete weiter als Ärztin. Das hatte sie gegenüber ihrem Ehemann, Otto Köstlin, den sie 1907 kurz nach ihrem Examen heiratete, als Bedingung für die Ehe durchgesetzt. Und so wurde sie Kinderärztin in Kiel, während sich Otto um das gepachtete Gut in Quarnbek kümmerte.

Auch Otto war nach Beates Berichten in ihrer Autobiografie ein überaus moderner Mann: Auf dem Gut Wargenau gab es Elektrizität, was damals noch überhaupt nicht üblich war, alle anderen in der Gegend machten sich weiterhin mit Petroleum Licht. Und weil Otto Köstlin den Fortschritt mochte, schaffte er auch eine Wasserleitung und ein Spülklo an, »was Luxus hoch drei war«, wie Beate schrieb. Später gab es sogar ein Telefon, was vor dem Zweiten Weltkrieg eine Seltenheit war, die Nummer: 225. Doch nicht nur die modernen technischen Errungenschaften waren Otto Köstlin eine Freude, auch in der Landwirtschaft experimentierte und probierte er gerne, züchtete Pflanzensorten, die besonders ertragreich oder wetterfest waren, und machte sich damit einen Namen in seinem

Metier. »Köstlins Sommergerste« tauchte sogar in einem landwirtschaftlichen Forschungsbericht der Universität Bonn auf, der sich der »Erhaltung der genetischen Diversität bei Getreide« widmete.

Die Jahre 1914 bis 1918 waren aber auch in Wargenau vom Krieg geprägt. Diese Episode beschreibt Beate Rotermund nicht sehr ausführlich, vermutlich, weil sie nie mehr die Gelegenheit bekam, ihren Vater nach dieser Zeit zu befragen. Sie erwähnt nur, dass Otto Köstlin im Krieg verwundet wurde, im Lazarett landete und wohl auch in Kriegsgefangenschaft gewesen sei. Zu ihrer Geburt jedoch, im Oktober 1919, war er – zu ihrem Glück – da. Beate kam nämlich mit der Nabelschnur um den Hals auf die Welt, sie war aufgrund des Sauerstoffmangels bereits blau angelaufen. Der Vater konnte sie aus dieser misslichen Lage erlösen, Geburten kannte er immerhin von seinen Kühen. So zumindest schildert es Beate Jahrzehnte später.

An eine andere Episode aus dieser Kriegs- und Nachkriegszeit erinnert sie sich jedoch, eine Geschichte, die ihre Mutter Margarete ihr berichtete: Beate sei erst ein paar Monate alt gewesen, als die »Roten Matrosen«, über die Klaus Kordon viele, viele Jahre später sein berühmtes Buch schreiben sollte, nach Cranz und auch Wargenau kamen. »Meine Mutter behauptete, ich hätte sie einmal gerettet, da war ich gerade ein paar Monate alt. Es war, als die roten Matrosen, marodierende Horden kommandoloser Kommunisten, die der Krieg ausgespuckt hatte, Russland verließen und Ostpreußen unsicher machten.« So ganz stimmt das mit den roten Matrosen allerdings nicht. Der Historiker Wolfgang Niess ordnet diese Passage aus Rotermunds Erinnerung etwas anders ein:

»Nach meiner Einschätzung dürfte es sich eher um rechtsgerichtete Freikorps gehandelt haben, die im Baltikum gegen die revolutionären Truppen der Bolschewiki gekämpft haben. Diese Einheiten wurden in dieser Zeit aus dem Baltikum abgezogen.«

Von einer Horde deutscher kommunistischer Matrosen, die auf Seiten der Bolschewiki gekämpft haben und zu diesem Zeitpunkt nach Ostpreußen gekommen sein sollen, hat er noch nie gehört.

Beates Kindheit

Das große Gut Wargenau war eine perfekte Spielwiese für ein neugieriges Kind wie Beate. Der Vater hielt über 100 Milchkühe, es gab einen Hund und bereits mit drei Jahren lernte die kleine Beate auf einem der über 30 Pferde reiten – sehr zum Leidwesen ihrer Mutter, die das keine so gute Idee fand und sich große Sorgen machte. Doch Otto Köstlin, der selbst viel und gerne ritt, fand seine Tochter alt genug dafür und setzte sie kurzerhand auf das friedliche und treue Pferd der Mutter, von dem Beate nach eigenen Angaben nie herabgefallen ist. Das Gute war, dass Beate ihren Vater nun bei dessen Ausritten auf dem großen Gelände des Guts begleiten konnte. Bei diesen Streifzügen erklärte er ihr alles, was er selbst über die Tiere und Pflanzen wusste, und verankerte damit eine große Liebe zur Natur und Landwirtschaft in seiner Tochter, die diese bis ins hohe Alter in sich trug, wie Angehörige und Bekannte bestätigen können, die ihren stets gut bestückten und vorbildlich gepflegten Garten kannten. Aber das war viel später erst, lange nach dem Krieg und weit, weit weg von Wargenau.

Auch die Sexualaufklärung des Kindes fand an praktischen Beispielen auf dem Gut statt: Da waren zum Beispiel ein besonders kräftiger Bulle und eine Milchkuh, die besonders viele Liter jeden Tag gab. Diese beiden wurden ausgewählt, miteinander Nachwuchs zu zeugen, und Beate konnte zuschauen, wie der Bulle die Kuh deckte. Dieser praktischen Erfahrung, der sie beiwohnen durfte, folgte dann die theoretische Einordnung durch die Mutter, die ihr genau erklärte, wie der Samen des Bullen das Ei der Kuh befruchtete und daraus eben ein Kind entstand. Aus diesen einfachen Tatsachen der Natur machten die Eltern keinen großen Hehl und schon gar kein Drama – das gehörte eben zum Leben dazu. Ob in der Landwirtschaft oder in der Medizin. »So wurde die Sache mit dem Sex für mich von Anfang an ein natürlicher Bestandteil meines Lebens«, schrieb Beate später.

Offen und liberal war auch die restliche Erziehung, die Beate bei ihren Eltern genoss, es gab kaum Verbote: »Nur vier Dinge durfte ich nicht: Ich durfte nicht außerhalb unseres Hofes spielen, ohne vorher Bescheid zu sagen; ich durfte nicht zu spät zum Essen kommen; ich durfte nicht lügen; ich durfte keine kleineren Kinder schlagen. Und ich musste meine Schulaufgaben machen.«[3]

Beate durfte vieles, was damals gerade für Mädchen nicht üblich war. Zum einen so banale Sachen wie Lederhosen tragen. Das war normalerweise nur Jungen vorbehalten, Mädchen trugen Schafwollstrümpfe und dazu ein Leibchen, die Strümpfe aber hasste Beate so sehr, weil sie kratzten, dass ihr Vater ihr eine ordentliche Lederhose bestellte. Zum anderen durfte Beate aber auch träumen. Zum Beispiel davon, einmal Kapitän zu werden. Die meisten haben sie dafür ausgelacht, denn ein Mädchen kann kein Kapitän werden – so viel stand fest. Als sie jedoch ihren Vater um dessen Einschätzung bat, sagte er: »Weißt du mein Kind, wenn man im Leben etwas wirklich will, dann kann man es auch. Natürlich musst du bereit sein, allerhand dafür zu tun, viel zu lernen und viel zu arbeiten. Und es könnte zum Beispiel sein, wenn du Kapitän werden willst, dass du nach Russland auswandern musst. Denn gerade habe ich gelesen, dass die russische Flotte soeben die ersten weiblichen Kapitäne eingestellt hat.« Es kommt also nicht von ungefähr, dass Beate ihren Vater in ihrer Autobiografie als »wichtigste Stütze« in ihrem Leben bezeichnete. Er prägte sie so sehr und ihre Liebe war so innig, dass sie auch später noch sagte: »Mein ganzes Leben lang liebte ich Männer, die so waren wie mein Vater. Er gab mir unendliche Geborgenheit und Sicherheit.«

Und wo der Vater diese Ideale prägte, war es die Mutter, die von Beate als »fleißig, fast auf beängstigende Weise fleißig« beschrieben wurde. »Meist war meine Mutter ernst und vernünftig. Sie war scharfsinnig, und nach außen wirkte sie kühl. Aber sie war eine liebevolle Person. Mit diplomatischem Geschick verwandelte sie einfache Landpomeranzen in perfekte Hausmädchen.«[4] Dass diese Frau überdies auch noch ihren Kopf durchgesetzt und entgegen allen Konventionen das Abitur gemacht, studiert und als Ärztin gearbeitet hatte, sollte ebenso einen starken Eindruck auf die Tochter gemacht haben, und vielleicht hat es dazu beigetragen, in späteren Tagen, als es darum ging, dass Beate sich selbst und ihr Geschäft sogar vor Gericht verteidigen musste, dass sie nie klein beigab. Oder schon viel früher, als Beate Opfer eines Erziehungsversuches durch die große Schwester wurde, die, wie in der Autobiografie geschildert wird, nicht einverstanden war mit dem größtenteils »jungenhaften« Auftreten des Nesthäkchens. Nicht nur, dass Beate viel lieber mit den Jungen in der Umgebung spielte und herumtollte, sie lehnte darüber hinaus Puppen, das typische Spielzeug für kleine, brave Mädchen, mit voller Inbrunst ab. Elisabeth »Etti« Köstlin, die nach der Schule nach Berlin gegangen war, um am Pestalozzi-Fröbel-Haus eine Ausbildung zur Kinderpflegerin zu machen, war zu der Überzeugung gekommen, dass ihre jüngere

Schwester Beate nicht nur komplett verzogen, sondern dass es für Mädchen wichtig war, mit Puppen zu spielen. Sie selbst hatte welche gehabt und die wollte sie nun Beate regelrecht aufzwingen: Als diese jedoch ablehnte, mit den »Scheißpuppen« zu spielen, sperrte Elisabeth die Kleine mit den Puppen ins Bad, drohend, sie dürfte erst wieder rauskommen, wenn sie zwei Stunden brav mit den Puppen gespielt habe. »Ich war wütend, wahnsinnig wütend, jähzornig – ich hätte meine Schwester erwürgen können. Stattdessen ertränkte ich die Puppen in der Badewanne. Bei einer ging gleich ein Arm ab, bei anderen lösten sich die Perücken und alle wirkten furchtbar mitgenommen.« Nach dieser Episode habe »Etti« wenigstens nie wieder versucht, die kleine Schwester nach ihrem Sinne zu erziehen, so schließt Beate.[5]

Puppen waren ihr also herzlich egal – wofür sie sich aber schon früh, sobald sie lesen konnte, sehr interessierte, das war die Fliegerei. Zum Staunen habe sie insbesondere die Geschichte des Ikarus gebracht, der bekanntlich so einen starken Drang hatte, fliegen zu können, dass er sich kurzerhand Flügel bastelte. Diese funktionierten, doch als er eines Tages der Sonne zu nahe kam, schmolz das Wachs, mit dem die Flügel zusammengeklebt waren. Letztlich kostete ihn sein Traum, der kurz Wirklichkeit geworden war, am Ende das Leben. Eine Geschichte, die nicht dazu beitrug, Beate vom Fliegen abzuhalten – im Gegenteil! Nach eigenen Angaben habe sie versucht, es dem Ikarus gleichzutun. Sie baute sich eigene Flügel, Federn gab es dafür auf dem großen Hof genug – von Gänsen und Hühnern. Sodann mussten die Flügel natürlich auch probiert werden und so sprang sie erst aus einer Höhe, die ein Mensch auch ohne Flügel unbeschadet überstehen kann, auch um zu testen, ob es einen Effekt habe, mit den Flügeln zu springen. Der Versuch zeigte: Die Flügel trugen vergleichsweise überhaupt nicht zu einem besseren Sprungerlebnis bei –

irgendwas funktionierte nicht! Und ähnlich der kleinen Madita in Astrid Lindgrens gleichnamiger Geschichte beschloss sie, dass sie von einem höheren Ort springen müsste, um die Flügel richtig benutzen zu können: die Spitze des Verandadaches. Sie sprang, aber vom Fliegen konnte nicht die Rede sein – das Kind holte sich Prellungen und blaue Flecken und konnte von Glück sagen, dass nichts gebrochen war. So zumindest die Schilderung in ihrem Buch – ob es sich wirklich so zugetragen hat, können wir heute niemanden mehr fragen. Aber eines ist sicher: Das Fliegen, das hat es Beate Uhse angetan und es wird ihr Leben lang eine wichtige Rolle spielen.

Beates Schulen

Beate ging zunächst auf die Volksschule in Wosegau, das war die nächstgelegene Schule, dort gingen alle Dorfkinder hin. Margarete Köstlin-Räntsch allerdings empfand diese Schule bald als nicht mehr gut genug für ihre Tochter, insbesondere, weil diese mehr und mehr den Slang der dortigen Dorfbewohner sprach – ein dicker ostpreußischer Dialekt. Also wurde das Mädchen kurzerhand von der Schule genommen und ins gehobenere Cranz geschickt, drei Kilometer weit entfernt vom Gut. Beate ritt meistens – zum Entzücken ihrer Klassenkameraden – mit dem Pferd, auf dem sie mit drei Jahren das Reiten gelernt hatte, zur Schule. Für Beate war dies nichts Besonderes, sie ritt täglich, das war für sie ebenso selbstverständlich, wie wir heute vielleicht das Fahrrad benutzen. Für die Stadtkinder in Cranz war es eine Attraktion!

Doch auch in Cranz sollte Beate nicht lange bleiben – die Mutter hatte ja Großes mit ihr vor, sie, die selbst studiert hatte und Ärztin geworden war, wollte ihrer Tochter auch alle Wege offenhalten und sie fand, dass die Cranzer Schule ihr Kind in dieser Hinsicht unterforderte. Das Gymnasium in Königsberg sollte es auch nicht werden, sondern man entschied sich für einen außergewöhnlichen Schritt: Beate wurde in das Landschulheim »Schule am Meer im Loog« auf Juist geschickt. In Königsberg wäre Beate ohnehin durch die 42 Kilometer Entfernung zum heimischen Gut in Wargenau dazu verdammt gewesen, dort wohnen zu müssen, ganz alleine. Also sah man sich direkt nach einer Schule um, die Margaretes und Ottos Vorstellungen von moderner Erziehung und Liberalität entsprach – und dies war eben auf der Nordseeinsel Juist gegeben.

Landschulheime, oder wie es die offizielle Bezeichnung war: Landerziehungsheime, sind Ende des 19. Jahrhunderts entstanden und waren Internate, die der Reformpädagogik entsprangen. Reformpädagogik war eine Strömung – heute würde man sagen: der Erziehungswissenschaften –, die eine »Pädagogik vom Kinde aus« vertrat. Schulen sollten daher keine reinen Lehranstalten sein, sondern Lern- und Lebensorte und auch eine Heimat für die Schülerinnen und Schüler. Und in Juist setzte vor allem der Pädagoge Martin Luserke (er gilt heute als eine Koryphäe der Theater- und Erlebnis-Pädagogik) diese Ideale auf seine Weise um. Der Musikpädagoge Kurt Sydow schrieb einst über Luserke: »Luserke suchte für die Schule an der Meeresküste, der nordischen Urheimat, einen Ort, an dem die Gezeiten von Ebbe und Flut in ihrem Auf und Ab den Menschen in eine innere Bewegtheit bringen. Er suchte eine Umwelt – in diesem Falle eine Inselwelt –, die herausfordert zur Selbstbehauptung im Tun. Daß dieses Tun auch praktische Arbeit bedeutet, war in einer derartigen Umwelt selbstverständlich und gehörte zu Leben und Erziehung, zur Lebensgestaltung überhaupt.«[6] Herausgefordert zur Selbstbehauptung im Tun war nun also auch Beate Köstlin! Und das passte natürlich gut zu ihr. Auf der Schule am Meer waren 180 Kinder, die Mehrzahl waren Jungen. Aber das machte Beate nichts aus – im Gegenteil, hatte sie ja ohnehin immer schon lieber mit den Jungen gespielt. Auf Juist konnte sie sich außerdem auch im Hochsprung, Hockey und Speerwerfen mit ihnen messen – und mithalten. Und sie durfte mit Luserke ein echtes Abenteuer erleben: Der nämlich holte jenes Boot, das später als »schwimmende Dichterwerkstatt« bekannt wurde. Die »Krake« stammte aus den Niederlanden und als sie von Zoutkamp geholt werden musste, war Beate Köstlin mit dabei. Gemeinsam mit den Schüler*innen von Juist machte Luserke das Boot vom Typ Blazer wieder bewohnbar und in den Schul- und Semesterferien segelten Luserke und einige Schüler*innen – natürlich war Beate auch hier wieder dabei – damit durch das ost- und westfriesische Küstengewässer. Und wenn es abends ab in die Kojen ging, dann las Luserke seine selbst geschriebenen Seefahrtsgeschichten vor – kann man sich als Kind etwas Besseres vorstellen?

Die Odenwaldschule

Die Schule am Meer auf Juist wurde 1934 geschlossen und das nicht ganz freiwillig. Konkret stand dies in direktem Zusammenhang mit der Machtergreifung der Nationalsozialisten im Jahr 1933. Schule und Volksbildung gehörten fortan zur Politik, wurden ihr und ihren Zielen untergeordnet – vorbei war es mit der Autonomie und der Freiheit, beides stets Leitziele Luserkes wie auch der ganzen Schule. Hinzu kam erschwerend, dass sich auch innerhalb des Kollegiums die Kontroversen zu verschlimmern begannen, die ganz Deutschland spalteten. Zwar blieben zunächst Privatschulen vom direkten Eingriff durch die Politik verschont, doch der damalige Juister Bürgermeister hatte es auf die Schule abgesehen: Seiner Meinung nach sollte eine »Nationalpolitische Erziehungsanstalt« daraus werden. Es war ein Zerren um Ideologien und Luserke, der sich zunächst nicht grundsätzlich gegen die politische Ausrichtung des NS-Regimes aussprach, wohl aber pädagogisch komplett andere Vorstellungen hatte (er erzog schließlich kritische, antimilitaristische und gleichberechtigte Individuen – etwas das im Nationalsozialismus so gar nicht wirklich vorgesehen war), gab auf und räumte 1934 das Feld.

Für Beate Köstlin musste fortan eine neue Schule gefunden werden – eine, in der sie, die nun schon Jugendliche war, weiter ihrem freien Geist und ihrer gleichberechtigten Selbstentfaltung nachgehen durfte. Das war alles andere als leicht, denn der nationalsozialistische Umbau ganzer Gesellschaftsbereiche schritt unaufhörlich fort. Am Ende wurde es die Odenwaldschule, die es auch nach 1934 weiterhin gab, obwohl ihre Gründer Edith und Paul Geheeb das Land verließen, um in der Schweiz eine neue Schule zu gründen. Zu Beates Glück wurde die Odenwaldschule erst 1939 endgültig gleichgeschaltet, nachdem ihr in Berlin bescheinigt wurde, dass sie dem »Sinn der nationalsozialistischen Erziehungsgemeinschaft widerspricht«. – Aus heutiger Sicht ein Kompliment an die Schule, die damit länger als viele andere ein Ort der Freiheit geblieben war. So gut das eben ging. Denn natürlich war der nationalsozialistische Erziehungseifer auch hier nicht komplett ausgespart, totalitäre Regime haben die unangenehme Angewohnheit, auf alle Bereiche des Lebens überzugreifen. Und so kam es, dass auch Beate Köstlin Mitglied der Hitlerjugend, kurz HJ, wurde.

In ihrer Autobiografie tut sie diese Phase als beinahe unbedeutend ab. Keine weitere Erwähnung findet auch die Rolle des

Nationalsozialismus bei der Schließung des Landschulheims auf Juist. Sie schreibt nur knapp:»Das Landschulheim in Juist hatte finanzielle Probleme bekommen und musste schließen. Die pädagogischen Ziele der Odenwaldschule waren sehr schülerfreundlich.«[7] Die Zeit an der Odenwaldschule, die sie mit 16 Jahren, also etwa 1935/36 verließ, sei ein Spaß gewesen. Dass sie zur HJ gekommen sei, sei vor allem wegen des Sports gewesen. Beate war eine Sportskanone – sie nennt es selbst ihre große Liebe. Mit 15 Jahren hessische Meisterin im Speerwerfen – das muss man auch erst einmal schaffen. Und weil sie im Sport so gut war und sich der Hitlerjugend angeschlossen hatte, wurde sie glatt Fähnleinführerin des BDM (Bund Deutscher Mädel).»Was wussten wir denn schon von Hitler und dem eigentlichen Sinn der Hitlerjugend? Nichts.« – Schreibt sie Jahrzehnte später und damit ist die Sache gegessen.

Der Aufenthalt in England

Das Fliegen war schon früh ein Faszinosum für Beate und obwohl die Mutter es gerne gesehen hätte, dass ihre Tochter das Studium der Medizin beginnt und in ihre Fußstapfen tritt, hatte die mal wieder ihren eigenen Kopf.»Mir steckte damals schon die Fliegerei im Kopf. Ich war wie besessen davon, Pilotin zu werden.«[8] Da in der Fliegersprache das Englische immer schon sehr präsent war (bis heute prägen sie viele Anglizismen), sah Beate sich gezwungen, zunächst einmal diese Sprache zu lernen. Weil sie stets praktisch veranlagt war und sich vor möglichen Abenteuern in der Ferne nicht scheute, überredete sie ihren Vater zu einem Auslandsaufenthalt als Au-pair in England. Sie landete in Aberystwyth, ein kleines walisisches Seebad – wieder Küste und Meer, Beate liebte es dort. Nicht so sehr aber liebte sie den Job, den sie zu erledigen hatte. Wie viele Au-pair-Mädchen-Generationen nach ihr sollte auch Beate Köstlin von ihrer Familie ausgenutzt werden.

Erst nach vier Monaten fand sie eine andere Familie, in der sie bessere Arbeitsbedingungen vorfand, dort blieb sie bis zum Ende ihrer Au-pair-Zeit. »Ich hatte nicht einmal Heimweh«.

Nur ihr damaliger Freund, der fehlte ihr. Sie schrieben sich regelmäßig Briefe und schworen sich Treue – die Beate nach eigenen Angaben auch einhielt.

Kapitel 2:
Luft und Liebe

Das Fliegen hatte es Beate ja schon als Kind angetan. Und es ließ sie auch später nicht los. Nach ihrem Aufenthalt in England wurde sie aber von ihrer Mutter dazu verdonnert, bevor es irgendwie weiterging, egal ob Studium oder wohin auch immer es ihre Tochter verschlug, ein Haushaltsjahr einzulegen. Beate sollte alles lernen, was man können musste, um einen Hof wie den ihrer Eltern haushälterisch zu führen. Das bedeutete:

»Ich lernte kochen, organisieren, einmachen und die Folgen eines Schlachtfests in den Griff zu kriegen.«[9]

Diese Dinge brachte ihre Mutter ihr in Wargenau bei. Ihren Vater bat sie um die Möglichkeit, das Fliegen erlernen zu dürfen. Er kümmerte sich tatsächlich um diesen Wunsch, als er am Rande einer »Grünen Woche« in Berlin zufällig einen Motorsportreferenten des Deutschen Aeroclubs kennenlernte, dem er von seiner 17-jährigen Tochter erzählte. Hatte Otto Köstlin bis dahin vielleicht noch die Hoffnung gehabt, seine Tochter mit dem Argument abfertigen zu können, dass Frauen ja sowieso für den Beruf der Pilotin ungeeignet wären, so erfuhr er jetzt, dass Pilotinnen überhaupt kein Ding der Unmöglichkeit waren und es sogar schon welche gab, die es zu einiger Berühmtheit gebracht hatten. Elly Beinhorn zum Beispiel hatte es sogar in die bundesdeutschen Zeitungen geschafft, weil sie 1931 als erste Frau einen Alleinflug nach Afrika geschafft hatte.

Einige Wochen nach der »Grünen Woche« flatterten Informationsmaterialien in Wargenau herein, und während der Vater vielleicht dachte, Beate könne ja gerne das Fliegen lernen, solange sie hinterher den Hof übernahm, hatte diese schon ganz andere Pläne.

Nach dem Haushaltsjahr bei ihren Eltern in Ostpreußen ging Beate dann nach Berlin. An der Fliegerschule in Rangsdorf (unweit von Berlin entfernt) war Beate tatsächlich die einzige Frau unter insgesamt 60 Flugschülern. Und dort saß sie im Sommer 1937 zum ersten Mal in einer Maschine, eine Heinkel He 72 – ein typisches deutsches Schulflugzeug. In 300 Metern Höhe zu schweben war für Beate das größte Glück. Der Plan, das Fliegen zum Beruf zu machen, verfestigte sich. Als ihr Fluglehrer sie nach ein paar Wochen alleine fliegen ließ, klappte es auf Anhieb:

»Ich fühlte mich total sicher. Empfand keine Angst. Es war wie in einer anderen Welt.«[10]

Nach einer bestimmten Anzahl von Starts und Landungen, Zielanflügen und Höhenflügen und einem Überlandflug von mehreren Hundert Kilometern hatte Beate schließlich den Flugschein A2 in der Tasche – pünktlich zu ihrem 18. Geburtstag, am 25. Oktober 1937, flatterte er in Wargenau per Post herein. Jetzt konnte sie richtig loslegen. Ihr eigentliches Ziel, nämlich professionelle Einfliegerin zu werden, Schritt für Schritt in die Tat umsetzen. Beate wurde auf dem Weg dahin vermutlich auch deswegen bevorzugt, weil sie als Neuling beim Zuverlässigkeitsflug 1938 den ersten Platz machte.[11] Wenig später bestand sie außerdem die Kunstflugprüfung K1 und schließlich wurde sie vom Aeroclub sogar neben fünf anderen Piloten zu einer Rallye in Belgien gesandt, an der sie wieder sehr erfolgreich teilnahm und einen dritten und einen zweiten Platz belegte. Nach so vielen Erfolgen hatte sie nun bei einigen einen Stein im Brett und man vermittelte ihr eine Praktikantenstelle bei den Bücker Flugzeugwerken, die sich ebenfalls in Rangsdorf befanden. Laut ihrer Autobiografie arbeiteten bei Bücker zu der Zeit insgesamt 2000 Arbeiter und Monteure – sie war die einzige Frau. Aber das störte sie wie so oft auch in diesem Fall nicht. Abgesehen davon, dass es bei Bücker keine Damentoilette gab, konnte sie der Zusammenarbeit mit Männern nur Gutes abgewinnen. Zu ihrer offenen und gewinnenden Art gesellte sich auch noch Glück: 1939 präsentierte die Firma Bücker ihre Maschine Bü 131 der japanischen Armee. Hierfür war es notwendig, dass der Chefpilot mit nach Japan ging. Aufgrund seiner mehrmonatigen Abwesenheit fehlte Bücker dadurch ein Einflieger – da kam Beate ins Spiel. Sie übernahm fortan das Einfliegen für Bücker und von dort ging es weiter: Eine kleine Firma bei Berlin, die Morane-Flugzeuge anfertigte, suchte einen Einflieger und engagierte Beate Köstlin mit ihren 19 Jahren, die nun bereits ein stattliches Gehalt von 1500 Mark bekam.[12]

Dann landete Beate auch noch als Double beim Film, wo sie in Wahrheit die Maschinen flog, während hinter ihr berühmte Schauspieler wie etwa René Deltgen den Helden mimten und es so aussah, als würden diese Stars am Steuer sitzen.

Liebe

Kunstfluglehrer Hans-Jürgen Uhse sollte der Mann sein, der dem größten Sexunternehmen Deutschlands seinen Nachnamen schenken würde. Beate lernte ihren zukünftigen Mann durch die Fliegerei kennen und beschrieb ihre erste Begegnung später in ihrer Autobiografie mit den Worten:

»Eine attraktive Erscheinung. Ein drahtiger, sportlicher Typ mit strahlenden, kritischen Augen. Er sprach ruhig und bestimmt, er war einer, zu dem man sofort Vertrauen fasste.«[13] Sie trafen sich auf der Rangsdorfer Fliegerschule. Beate war gerade 18 Jahre alt geworden, Uhse war schon 29. Auf die Idee, dass aus der Geschichte mehr werden könnte als eine ganz normale Lehrer-Schülerin-Verbindung war sie damals nicht gleich gekommen, auch, weil sie ja immer noch ihren Freund in Wargenau hatte.

Laut Beate ging die Initiative von Hans-Jürgen Uhse aus. Er setzte sich beim Mittagessen neben sie, lud sie ins Kino und zu Radtouren ein und suchte mehr und mehr ihre Nähe. Und dann passierte es: »Eines Abends, als wir wieder auf einem unserer Spaziergänge waren, nahm er mich ohne Vorankündigung in die Arme, küsste mich und sagte: ›Du bist die richtige Frau für mich.‹«

So hatte er entschieden und Beate hatte offenbar nichts dagegen einzuwenden. Ab jetzt verbrachten die beiden noch mehr Zeit miteinander. Mit kleinen Einschränkungen: Zu damaliger Zeit, im Jahr 1937, war es noch unüblich, dass ein Mann und eine Frau, die nicht miteinander verheiratet waren, zusammen die Nacht verbrachten. So blieben ihnen viele schöne Abende, an denen sie gemeinsam zu Abend aßen, kuschelten und sich küssten, an denen Beate aber stets spätestens um 22 Uhr das Haus verlassen musste, denn Damenbesuch zu später Stunde galt als »unsittlich«. Und als junge Frau stellte Beate solche Dinge noch nicht infrage.

Der Herr Uhse

Mit Hans-Jürgen Uhse, so berichtet sie, lernte sie zum ersten Mal die körperliche Liebe, die Sexualität kennen. Er war behutsam dabei, fragte sie vorher und versuchte ihr so gut es ging die Ängste zu nehmen, die sie hatte.

»Könnte es denn überhaupt noch schöner werden? Würde er mir wehtun?«

Und es tat wohl weh, zumindest ein wenig – gleichzeitig erlebte Beate diese neue Nähe zu diesem Mann als »prickelndes Glück«, das ihr »schaurig-schöne Gefühle« bereitete.

»Ich fühlte mich genommen, gebraucht, geborgen und getröstet.«

Und so radelte Beate auch an dem Abend, an dem sie zum ersten Mal Sex hatte, genau wie sonst immer, nachdem sie Punkt 22 Uhr die Wohnung ihres Geliebten verlassen hatte, nach Hause und sehnte sich danach, doch bei ihm zu sein. Es lag nahe, dass die beiden heirateten, sie waren sich beide sicher und so sollte es auch geschehen. Nur der Vater in Wargenau musste noch überzeugt werden. Er war nicht erfreut, seine Tochter an einen Flieger zu geben – ihm schwante wohl schon, dass dieser Beruf mit Unglück verbunden sein würde, als er sagte:

»Ich will Schnott und Tränen nicht sehen, wenn mal was passiert«.[14]

Ein ganzes Jahr lang ließ er Beate und ihren Hans auf seine Zustimmung warten, er sperrte sogar die regelmäßigen finanziellen Zuschüsse, die Beate eigentlich bekam. Dann endlich gab er auf und die Hochzeit wurde für den 10. Oktober 1939 auf dem Gut in Ostpreußen geplant. Doch dann kam der Krieg dazwischen.

Ab hier ändert sich in Beates Leben vieles, wie auch im Leben von Millionen anderen deutschen Frauen und Männern sowie deren Familien. Da Hans-Jürgen Uhse Ende September seinen Gestellungsbescheid bekam, also klar wurde: Er muss in den Krieg ziehen, beschlossen die beiden, so schnell es geht zu heiraten, denn verheiratete Soldaten, so hieß es, genossen ein paar Privilegien, hatten etwa Anspruch auf mehr Urlaubstage. Die Trauung wurde dann schnell mit einem Meister und einem Monteur von Bücker als Trauzeugen im Standesamt Dahlewitz in einer erweiterten Mittagspause erledigt. Das »Festessen« fand sehr schnörkellos in der Kantine statt: »Es gab Erbsensuppe und Bier.« – Hauptsache verheiratet.

Noch am selben Tag musste Hans nach Magdeburg – von dort ging es nach Posen und erst einen Monat später kam er wieder zu seiner Beate zurück. Sie nutzten die Urlaubstage, die er bekommen hatte, um die Eltern nach Berlin einzufliegen und kirchlich zu heiraten – endlich auch mit angemessenem Mahl. Dennoch überschattete der Krieg das junge Eheglück und setzte die beiden auch zunehmend unter Druck, denn mehr und mehr mussten sie sich die Frage stellen, was mit der Kinderplanung sein würde. Wie für viele Paare musste abgewogen werden zwischen dem Risiko, ein Kind in eine Welt des Krieges zu setzen, und der Möglichkeit, gar kein gemeinsames Kind mehr bekommen zu können, wenn der geliebte Mann fällt. Die Uhses entschieden sich im Jahr 1942 für ein Kind – Klaus Uhse kam im Sommer 1943 auf die Welt.

Hans-Jürgen Uhse blieb natürlich im Kriegseinsatz, er war inzwischen Hauptmann der Luftwaffe und flog als Staffelkapitän bei der sogenannten »Hellen Nachtjagd« mit. Das waren Fliegereinsätze, bei denen deutsche Staffeln nachts versuchten, die Bomber der Alliierten abzuschießen, bevor diese ihre Bombenangriffe auf die Städte ausführen konnten. Ein Unterfangen, das nur wenig Erfolg brachte, ein, wie Beate später schreibt, »Himmelfahrtskommando« – eines, das Hans-Jürgen Uhse im Mai 1944 schlussendlich wie viele andere auch das Leben kostete. Dabei starb er nicht einmal im Einsatz in der Luft, sondern durch pures Pech: Der Unfall passierte durch eine Kollision mit einer anderen – von einem Unteroffizier gesteuerten – Maschine noch auf dem Rollfeld, er überlebte nicht. Beates Vater schlug vor, ihn in Wargenau zu begraben, und so geschah es auch. Im zarten Alter von 24 Jahren war Beate Uhse nun Witwe und allein mit einem Kleinkind.

Soldatin Beate

Beate Uhse übte auch nach der Geburt ihres Sohnes Klaus und nach dem unglücklichen Tod ihres Mannes weiterhin den »kriegswichtigen Beruf« der Fliegerin aus, wie es im Dritten Reich genannt wurde. Also einen Beruf, der mit Gefahren verbunden war. Diese jedoch war Beate gern gewillt hinzunehmen. Der Verlust ihres Mannes verstärkte ohnehin das Gefühl, nichts sonderlich Schlimmes mehr erleiden zu können. So schreibt sie in ihrer Autobiografie:
»Was hatte ich denn noch zu verlieren? Mein Leben schien mir nicht mehr sehr wichtig. Das Leben meines Kindes wusste ich in guten Händen. Meine Eltern würden für den kleinen Klaus sorgen, falls mir etwas zustoßen würde. […] Die Schrecken des Krieges vermochten mich kaum mehr zu beeindrucken.«
Dazu brachte der »kriegswichtige Beruf« auch Privilegien mit sich: eine Säuglingsschwester, die für Klaus sorgte, wenn Beate fliegen war: Hanna, 19 Jahre alt.
Wie einst ihr nunmehr toter Mann wurde nun auch Beate Uhse Hauptmann der Luftwaffe und diente vor allem in einem sogenannten Überführungsgeschwader der Wehrmacht, das heißt: Sie überführte Kriegsflugzeuge von einem Ort an den anderen. In ihrer Biografie betont sie, dass sie aber nie der NSDAP beigetreten sei, die Partei kümmerte sie nicht weiter. Hier spielt sie ihre Rolle in Nazideutschland und im Krieg herunter. Auch wenn sie zugibt, Hitlers Politik nicht grundsätzlich abgelehnt zu haben:

»Wie Millionen Deutsche war auch ich nach Hitlers Macht-
übernahme davon überzeugt, dass »Adolf der Gütige«, wie
man ihn spöttisch nannte, tatsächlich bessere Zeiten bringen
würde. [...] Ich ließ mich blenden – wie Millionen andere auch.«
Insbesondere die Offenheit für den technischen Fortschritt
hatte ihr gut gefallen. Doch ihre eigene Rolle in der Luftwaffe
kontextualisiert sie nicht weiter. Sie hinterfragt ihre Entscheidung, für das Naziregime in den Krieg zu ziehen, nicht.

Und so flog sie eben im Krieg Sturz- und Erdkampfflugzeuge,
Aufklärer, Jagdbomber und Nachtjäger wie den, in dem ihr
Mann umgekommen war, an die Front. Im April 1945, kurz vor
Ende des Krieges, durfte sie sogar den Strahljäger Messerschmitt
Me 262, die sogenannte »Wunderwaffe« der Nazis, einfliegen.
Ein Flugzeug, das für den »Endsieg« konstruiert worden war.

Nun stellt sich die Frage: Macht man bei einem Krieg mit
und bringt sein Leben in Gefahr – noch dazu als Mutter eines
Kleinkindes –, wenn man diesen Krieg für falsch hält? Seinen Zwecken nicht anhängt? Sie schreibt immer wieder, ihr
sei es um das Fliegen gegangen – ihr entging aber auch nicht,
dass Goebbels 1943 den »totalen Krieg« ausgerufen hatte. Ein
Krieg, an dem sie als Frau mit Kind nicht hätte mitmachen
müssen. Aber sie wollte es. Die Antwort auf die Frage nach
dem »Warum?« hat sie mit in ihr Grab genommen. In ihrer
Autobiografie schreibt sie lediglich:

»Der ›totale Krieg‹ verwandelte auch mich in einen Soldaten.«[15]

Beate Uhse und das Dritte Reich

Auch ihre früheren Tätigkeiten werfen Fragen auf. Ihr Einsatz
als Film-Double in Flugszenen von NS-Propagandafilmen etwa.

Sie doubelte dabei René Deltgen im Film »Achtung! Feind hört mit!« (1940). Sie schildert die Dreharbeiten wie ein Abenteuer, bei dem sie viel Spaß hatte – und das ist vermutlich auch genau das, woran sie sich erinnern möchte. Dennoch hat sie hier nicht bei irgendeinem Film mitgespielt. In »Achtung! Feind hört mit!« geht es um einen Rüstungsspion, gespielt von Deltgen, der in einer deutschen Fabrik wichtige Dokumente abfotografieren soll.

»Deltgen spielt einen Bösen, einen Verräter«, schrieb Beate später in ihrer Autobiografie und übernahm damit das Propaganda-Framing der NS-Politik.

»Ich meisterte das Manöver. Aber nur in der Realität. Im Film verfing sich der Böse in den Drahtseilen [...] er stürzte ab. [...] Das Gute hatte über das Böse gesiegt.«[16]

»Das Gute« war in diesem NS-Propagandafilm natürlich der Nationalsozialismus, die Deutschen, die einfach schlauer waren als die ausländischen Mächte. Der Film wurde nach dem Ende des Zweiten Weltkrieges mit einem Aufführverbot belegt, die Auswertungsrechte liegen bei der Friedrich-Wilhelm-Murnau-Stiftung.

Eine kleine Randnotiz zum Filmstar Deltgen: Er kam später in Luxemburg wegen Landesverrats ins Gefängnis (plus zu leistender Geldstrafe), da er auf Plakaten für einen Eintritt der luxemburgischen Jugendlichen in die Hitlerjugend geworben hatte.

Ein weiterer Film, in dem Beate doubelte, war »D III 88« von Herbert Maisch. Hier geht es um die Verherrlichung der Luftwaffe, insbesondere der »Geist des Frontfliegers« sollte den Zuschauern eingebläut werden. So heißt es im Film:

»Persönliche Differenzen gibt es überall, aber im Dienst gibt es nur den Einsatz der ganzen Person. Reibungslose Zusammenarbeit, bedingungslose Hingabe. Nur so kann unsere Waffe zu einem Instrument werden, auf das sich unser Führer im Ernstfall bedingungslos verlassen kann.«[17]

Außerdem wird in diesem Film die sogenannte »Dolchstoß-legende« kolportiert, eine Verschwörungstheorie, derzufolge die Schuld an der Niederlage im Ersten Weltkrieg bei der Sozialdemokratie, anderen demokratischen Politikern und dem Judentum zu verorten sei. Auch »D III 88« ist ein Film, dessen öffentliche Aufführung seit dem Ende des Zweiten Weltkrieges nur eingeschränkt möglich ist. Auch hier liegen die Auswertungsrechte bei der Friedrich-Wilhelm-Murnau-Stiftung.

Dass die Filme, in denen Beate mitspielen durfte, ein wichtiger Teil der Nazipropaganda waren, das erwähnt Beate in ihrer Autobiografie nicht. Stattdessen schreibt sie stolz davon, dass sie sogar in einem Film mit ihrem Lieblings-schauspieler Hans Albers mitgeflogen sei. Einen Titel nennt sie an dieser Stelle jedoch nicht – das ist seltsam, da es sich, wie gesagt, um ihren Lieblingsschauspieler handelte und sie bei den anderen Filmen die Titel noch im Gedächtnis hatte. Eine Recherche im Filmarchiv der Friedrich-Wilhelm-Murnau-Stiftung ergab keinen Treffer – entweder handelt es sich um einen verloren gegangenen Film, oder Beate hat gar nie mit Hans Albers gedreht.

Der zumindest tauchte aber auch in vielen NS-Propagandafilmen auf. Er hatte stets ein zwiegespaltenes Verhältnis zu den Nazis, da seine Lebensgefährtin Hansi Burg als Jüdin um ihr Leben fürchten musste. Gleichzeitig tauchte er auf Goebbels sogenannter »Gottbegnadeten-Liste« auf, er wurde also vom Kriegsdienst ausgenommen, da er dem Regime für die Kulturpropaganda zu wichtig erschien. Die Filme, in denen Albers während des Nationalsozialismus mitwirkte, sind in Teilen klare Propaganda, so etwa »Flüchtlinge« von 1933: Wolgadeutsche Flüchtlinge werden an der chinesisch-russischen Grenze durch einen Führer vor den Bolschewiken gerettet – ein Held, der durch und durch dem rassischen Ideal des Nationalsozialismus entspricht: blond, hart, kräftig. Er diskutiert nicht, er befiehlt, seine Ansagen sind nicht infrage zu stellen, und nur wer blind gehorcht und für ihn in den Tod geht, bekommt Anerkennung: »Für etwas sterben können, das ist doch das Beste. Den Tod wünsch ich mir«.[18] Dieser von Albers gespielte Führer erfährt im Film einen Wandel vom verbitterten Egoisten und Pessimisten zum aktiven Wortführer, der sich vor nichts fürchtet und Neues ausprobiert – diese Wandlung soll die in Deutschland stattfindenden Veränderungen ab 1933 widerspiegeln. Auch »Carl Peters«, ein Film mit Albers in der Hauptrolle, gilt als klar antisemitisch und antidemokratisch, er kann bis heute nur im Rahmen besonderer Bildungsveranstaltungen bei der Friedrich-Wilhelm-Murnau-Stiftung angesehen werden. Volksidol Albers spielte also durchaus mit, wenngleich er versuchte, sich nie an der Seite hochrangiger NSDAP-Funktionäre zu zeigen.

Ähnlich erging es vielleicht Beate. Alles was über ihre Haltung zu den Filmen bekannt ist, in denen sie das Double für nationalsozialistische Helden spielten ist die Freude darüber, mitgemacht zu haben – weil es für die junge Beate offenbar schlicht ein Abenteuer darstellte, beim Film fliegen zu dürfen. Dass sie sich auch in späteren Jahren nie von den Inhalten der nun verbotenen Werke distanzierte, ist jedoch bemerkenswert.

Die Debatte über die Rolle von Film und Stars in den Propagandawerken des Dritten Reiches wurde anderswo schon ausführlich geführt – sogar in so manchem Film selbst, wie etwa in »Mephisto« von István Szabó. In diesem Film geht es um einen Theaterschauspieler, -regisseur und -intendanten, der im Nationalsozialismus die eigenen Überzeugungen dem beruflichen Erfolg opfert – und er steht damit symbolisch für viele andere Deutsche auch.

Ein anderer Aspekt wurde von Eva Sternheim-Peters in ihrem Bericht »Habe ich denn allein gejubelt?« (1987) thematisiert. Sie schildert, dass die Deutschen sehr gerne mitgemacht haben, denn es gab viel Glanz und auch eine Idee von Modernität und Überlegenheit, die das NS-Regime ausstrahlte und von dem sich die Deutschen einfangen ließen.

Auch die Begeisterung für die Hitlerjugend, insbesondere den Bund Deutscher Mädel (BDM), kann Sternheim-Peters gerade bei einer Frau recht gut erklären: »Die ›größte deutsche Mädchenorganisation aller Zeiten‹ erreichte Bevölkerungskreise, deren Töchter niemals zuvor von ›jugendbewegten‹ Aktivitäten erfasst worden waren.«[19] Ganze 4,2 Millionen Mädchen waren nach offiziellen Angaben beim BDM, davon waren 400 000 Fähnleinführerinnen, eine davon war Beate Köstlin. Tatsächlich hatten so ziemlich alle Jugendbewegungen davor aus reinen Jungen-Organisationen bestanden (mit Ausnahme sozialistischer Gruppen, bei denen es immer schon gemischtgeschlechtlich zuging). Der BDM war als »größte deutsche Mädchenorganisation aller Zeiten« nicht zufällig daraufgekommen, Mädchen zu Gruppen zu organisieren und damit eine direkte Beeinflussung zu erzielen. Wie fast alles im Dritten Reich war auch das staatlich gelenkt und es gab sogar eine sogenannte »Jugenddienstpflicht«, die vorschrieb, dass alle Jugendlichen zur Hitlerjugend oder zum BDM zu gehen hatten.[20] Was der BDM bot, das waren vor allem viel Sport – was auch Beate zu schätzen wusste –, Konzerte, Filmabende und Gesprächsabende über Literatur, deutsche Literatur natürlich, und auch nur solche, die »gesäubert« war. Ein explizit emanzipatorisches Anliegen war dem BDM allerdings komplett fremd. Die möglichen Vorbilder schmeckten den Tonangebenden im Propaganda-Apparat nicht, aufmüpfige Mädchen wollte man nicht haben. Auch war die damalige Sichtweise auf das Verhalten von Mädchen noch deutlich sexistisch geprägt. Eva Sternheim-Peters schildert sehr aufschlussreich:

»Die wissenschaftliche wie volkstümliche Psychologie sprach Mädchen sowohl das Bedürfnis wie auch die Fähigkeit zu echter Freundschaft, Kameradschaft und Gemeinschaft ab.«[21]

Eine Einstellung, die man in ähnlicher Weise auch bei Beate findet, und zwar offenbar ihr Leben lang. Sie schreibt an mehreren Stellen ihrer Autobiografie, dass sie sehr gerne mit Männern zusammen war. Dass sie auch lieber mit ihnen zusammenarbeitete, berichteten Dirk Rotermund und Hans-Werner Melzer im Gespräch. Es war einfach eine Tatsache, dass sie Frauen oft nicht sonderlich gern leiden konnte.

Am Ende bleiben über Beate Uhses Rolle als Frau im Dritten Reich vor allem viele Fragen offen. Sie hat diesen Teil ihrer Geschichte zwar nicht direkt unterschlagen, ihn aber auch nicht reflektierend in einen größeren Kontext gesetzt, was Ende der 1960er Jahre in Deutschland generell sehr weit verbreitet war. Ihre Einstellung zum NS-Regime, ihre Rolle in der Luftwaffe und auch die ideologischen Versatzstücke, die durch die NS-Propaganda vielleicht auch bei ihr Wirkung zeigten, bleiben unbearbeitet – zumindest was die öffentliche Auseinandersetzung angeht. Es ist auch leicht einzusehen, dass eine erfolgreiche Unternehmerin, wie sie es war, die sicher auch einige Feinde hatte, kein großes Interesse daran hegte, eigene Fehler oder Fehleinschätzungen öffentlich und ehrlich zuzugeben. Im Gegenteil: Der spätere Versuch, die eigene Geschichte selbst zu erzählen (und an anderer Stelle überaus detailliert), zeugt stark davon, diese in ein möglichst positives Licht zu rücken – mit allen Auslassungen und Schönfärbungen, die das eben beinhaltet.

Einzig die *EMMA* stellte die Frage, ob es damals nicht auch einen anderen Weg gegeben hätte. In Ausgabe 3 des Jahres 1988 berichtete Cornelia Filter von einem Gespräch mit Beate:

»Auf *EMMAS* Frage: ›Warum haben Sie für Hitlers Luftwaffe Bomber geflogen?‹, antwortet sie: ›Das war einfach mein Beruf, den ich liebte. Stellen Sie sich einmal vor: Sie sind eine begeisterte Journalistin und Sie gehen völlig in Ihrem Beruf auf. Würden Sie ihn in einer solchen Situation aufgeben?‹«

Die Art der Gegenfrage lässt erahnen, wie Beate Rotermund mit dem Thema generell in der Öffentlichkeit umzugehen gedachte. Dass die *EMMA* ihrerseits mit ihrer reißerischen Überschrift »Beate Uhse: Bomber-Pilotin und Porno-Produzentin« den Bogen in die andere Richtung wiederum überspannte, steht auf einem anderen Blatt.

Wie bei so vielen Geschichten über die Nazizeit und die Verstrickungen einzelner berühmter deutscher Persönlichkeiten liegt die wahre Geschichte wohl irgendwo zwischen der Dämonisierung durch Dritte und deren eigener herunterspielender Erzählung.

Die Flucht

Am Ende des Krieges gelang es Beate, ihren Sohn und ihr Kindermädchen Hanna gerade noch rechtzeitig vor dem Einmarsch der Roten Armee aus Berlin zu fliegen. Mit einer Siebel 104 flog sie am 22. April 1945 davon – auch hier geschieht eine klitzekleine Geschichtsklitterung, wenn sie schreibt: »Das letzte Flugzeug, von dem man es weiß.«

Tatsächlich – und das hat auch die *EMMA* herausgefunden – war sie nicht die Letzte. Pilotin Hanna Reitsch, die ebenfalls für die Luftwaffe flog, hat es noch später rausgeschafft – und das nicht alleine: Nachdem gerade Hermann

Göring wenige Tage zuvor aller Ämter enthoben wurde, flog Hanna Reitsch dessen Nachfolger am 26. April 1945 mit einem Fieseler Storch nach Berlin. Dort sollte dieser von Hitler persönlich eine Beförderung zum Generalfeldmarschall und zum Oberbefehlshaber der Luftwaffe bekommen. In der Nacht vom 28. auf den 29. April 1945 flogen er und Reitsch mit dem letzten Flugzeug zu Karl Dönitz nach Plön, dem möglichen Nachfolger von Hitler. Hanna Reitschs Verwobenheit mit dem Naziregime ist im Gegensatz zu Beate Uhses sehr eindeutig und historisch gut belegt.

Jedenfalls kamen Beate, das Kindermädchen Hanna und ihr Sohn Klaus wohlbehalten in Leck in Schleswig-Holstein an. Sie waren dort nicht die einzigen Geflohenen, zusammen mit vielen anderen Soldaten warteten sie in den Baracken des Flughafens auf das Ende des Krieges. Und das schildert Beate später so:

»Am 8. Mai fuhren drei Panzerspähwagen vor. Es waren Briten. Der Kommandeur ging ihnen entgegen, mit erhobenen Händen. Ein britischer Offizier entstieg einem Panzerspähwagen. Die beiden Offiziere grüßten militärisch. Der deutsche Kommandeur übergab dem britischen Colonel formell den Flugplatz Leck.«[22]

Zuerst waren alle Soldaten auf dem Flugplatz – inklusive Beate Uhse – Kriegsgefangene der Briten. Sie gaben ihre Waffen ab und durften fortan nicht telefonieren, nicht schreiben und das Lager natürlich auch nicht verlassen. Ansonsten wurden sie aber gut behandelt, vor allem im Vergleich zu vielen anderen deutschen Kriegsgefangenen.

In dieser Zeit als Gefangene wurde Beate in einen Unfall verwickelt: Ein mit Brot beladener LKW, auf dem Beate mitgefahren war, kollidierte mit einem Motorrad und ging in Flammen auf. Um sich selbst zu retten, sprang Beate kurzerhand vom LKW und verletzte sich dabei die Hüfte. Mehrere

Wochen lag sie im Krankenhaus und konnte kaum gehen. Nur langsam erlernte sie zunächst das Fahrradfahren und bald auch wieder das Laufen.

Es dauerte sechs Wochen, ehe sie aus der Kriegsgefangenschaft entlassen wurde und man ihr mitteilte, sie solle sich in Braderup melden.

Kapitel 3:
Die ersten Jahre im Geschäft

Nachdem Beate Uhse aus der britischen Kriegsgefangenschaft entlassen und auch wieder völlig genesen war, lebte sie nun mit ihrem kleinen Sohn Klaus in Braderup bei Niebüll, im Norden Schleswig-Holsteins. Genauso wie viele andere musste sie schauen, wie sie sich und ihr Kind über die Runden brachte, wie sie Geld verdiente. Sie arbeitete als Landarbeiterin, verkaufte im Reisegewerbe Spielzeug und Haushaltswaren und wie Sybille Steinbacher schreibt, bot sie sogar per Zeitungsannonce ihre Dienste als Traumdeuterin an.[23] Durch diese vielseitigen Tätigkeiten lernte sie viele Frauen kennen und diese einte vor allem eine Geschichte: Angst vor dem Schwangerwerden und die große Problematik der Abtreibung, falls es schon passiert war.

Im Dritten Reich war das Schwangerwerden ein Politikum gewesen: Nichtarischen Frauen war es verboten und manche wurden gar zum Abbruch ihrer Schwangerschaft gezwungen. Bei arischen Frauen war es genau umgekehrt: Ab 1943 galt ein Gesetz, das ihnen verbot, zu verhüten oder gar abzutreiben, andernfalls drohten Haftstrafen bis zu zwei Jahren.[24] Und so etablierte sich schon während der NS-Zeit der Begriff der »Abtreibungsseuche«. Allein diese Bezeichnung zeigt schon: Hier geht es um eine Gefahr für die »Volksgesund-heit« – und dieser Begriff hielt sich auch nach Kriegsende, genauso wie die Gesetze. In vielen Bundesländern wurde das Verhütungs- und Abtreibungsverbot nicht aufgehoben. Nur in Schleswig-Holstein, Hamburg und Bremen – ein Glück für Beate Uhse.

Nach dem Krieg war allerdings – ganz im Gegensatz zur alten NS-Propaganda der »Abtreibungsseuche« – die Schwanger-schaft die eigentliche (soziale) Katastrophe. Hunger war an der Tagesordnung und viele Frauen starben durch unsachge-mäß durchgeführte Verzweiflungs-Abtreibungen (zwischen 1950 und 1957 starben in der Bundesrepublik jedes Jahr etwa 10 000 Frauen an den Folgen illegaler Abtreibungen[25]). Als Tochter einer Ärztin konnte Beate helfen und erstellte für ei-nige der Frauen, die sich sorgenvoll an sie wandten, eigene Fruchtbarkeitstabellen anhand der sogenannten »Knaus-Ogi-no-Methode«, mit der man auf einfache Art die fruchtbaren Tage zu zählen versuchte. Diese Methode gab es durchaus schon lange – Knaus und Ogino, nach denen sie benannt ist, hatten sie bereits 1928 veröffentlicht, und es ist anzunehmen, dass Beate, die damals neun war, irgendwann von ihrer Mut-ter davon erfuhr.

Dass sie Frauen über diese Verhütungsmethode informierte und das der Beginn von etwas Großem war, das hat Beate Rotermund später gern zu ihrer »Beate-Uhse-Story« hinzu-gefügt. In ihrer Autobiografie klingt das so:
»Nach Feierabend setzte ich mich hin und entwarf auf einer geborgten Schreibmaschine folgenden Text: »Wenn ursprünglich beim Menschen, ebenso wie im Tierreich, Be-gattung und Zeugung gleichbedeutend waren, so haben sich seither die Dinge gewaltig geändert. Würden wir triebmäßig

zeugen, wäre es heute keinem Ehepaar möglich, ihren Kindern ein anständiges, menschenwürdiges Leben und eine entsprechende Erziehung zukommen zu lassen. Es entsteht daher für uns die soziale Pflicht, die Befriedigung des Sexualtriebs von der Zeugung scharf zu trennen. In zunehmendem Maße bilden sich in der ganzen Welt Gesellschaften, die unter der Bezeichnung Geburtenregelung (»birth control«, die Bewegung geht von Amerika aus) die Forderung nach systematischer Beschränkung der weiblichen Fruchtbarkeit erheben. Es sollte selbstbestimmtes Recht jedes Menschen sein, die Größe seiner Familie je nach seinen sozialen Verhältnissen zu bestimmen.« (…)

Auf drei weiteren Seiten schilderte ich etwas ungelenk, was innerhalb einer Monatsperiode im Körper der Frau vorgeht, wie das weibliche Ei ausgestoßen wird, wie lange der männliche Samen nach dem Verkehr lebensfähig ist und wie die fruchtbaren Tage zu berechnen sind.

Weil ich keinen besseren Namen für meine Schrift wusste, nannte ich sie *Schrift X*.«

Von dieser berühmten *Schrift X* ließ Beate Rotermund 2000 Stück drucken, dazu 10 000 Postwurfsendungen mit Bestellscheinen für mögliche zukünftige Käuferinnen der *Schrift X*. Diese sollten die *Schrift X* bestellen können – für 2 Reichsmark. Um zu zeigen, dass dies nicht viel Geld war, nennt Beate Uhse zum Vergleich den Preis einer Zigarette (7 RM) und den Preis eines Paares Schuhe: angeblich 600 RM. Die Postwurfsendungen wurden in Heide und Husum verteilt. Bald trudelten Bestellungen ein und Beate verschickte die ersten Kopien ihrer *Schrift X*.

Dieser Teil der Geschichte ist verantwortlich dafür, dass sie bis heute als eine »Aufklärerin der Nation« gilt – neben Oswalt Kolle, Erika Berger und später dem »Dr. Sommer«-Team der *Bravo* natürlich.

Doch das ist tatsächlich mehr PR als Realität. Denn Uhses Biografie und die Public-Relations-Interessen ihrer Firma sind miteinander verwoben.

Aufklärung statt Haarwuchsmittel

In Flensburg gibt es heute kein Beate-Uhse-Geschäft mehr – aber Orion, die Firma ihres Adoptivsohnes Dirk Rotermund, heute geführt von dessen Tochter, sehr wohl noch.

Rotermund und ein ehemaliger Mitarbeiter namens Hans-Werner Melzer, der von 1961 bis 1981 bei Beate Uhse sowohl in der Werbeabteilung als auch als Geschäftsführer gearbeitet hat, berichteten im Oktober 2018, dass es ein Mann namens Hannes Baiko war, der die »Beate-Uhse-Story« schrieb. Er wurde 1961 von Beate Uhse angestellt, um ein Pressebüro einzurichten.

»Er hat über ihr Leben – bevor sie Beate Uhse wurde – geschrieben: Dass sie Testpilotin war, dass sie Flugzeuge überführt hatte und dass sie mit einem Piloten verheiratet war«, erzählt Melzer und beschreibt damit nur Tatsachen aus dem Leben Beate Uhses – aber viele Dinge in ihrem Leben passierten in Wahrheit eher zufällig oder mit viel Glück. Baiko machte daraus allerdings eine Story, in der alles nahtlos zueinanderpasste.

Doch die Idee mit dem Publikmachen der Knaus-Ogino-Methode kam vor allem deswegen auf, weil Beate und Ewe Rotermund auf der verzweifelten Suche nach etwas waren, das man verkaufen konnte. Ewe hatte vorher ein Haarwuchsmittel hergestellt, das er Ewisin genannt hatte, doch der Verkauf lief irgendwann nicht mehr und so musste ein neues Produkt her.

46

Ohne Ewes Misserfolg mit dem Haarwuchsmittel wäre die ganze Geschichte vielleicht anders gelaufen, hätte es vielleicht keine *Schrift X* gegeben.

Es war also vermutlich eher das Geld, das die Motivation für die neue Geschäftsidee gab, nicht der pure Idealismus. Diese Erzählung mag weniger rührend daherkommen, dafür ist sie so realistisch, wie es auch Hunger, Mangelernährung und Not nach dem Krieg waren. Es war nur normal, dass die Menschen versuchten, sich und ihre Lieben so gut es ging über Wasser zu halten.

Beate hatte mit ihrer Idee richtiggelegen: Die Frauen *brauchten* Hilfe bei der Fruchtbarkeitsbestimmung und sie suchten auch nach mehr Beratung: Sie schrieben an Beate, dass sie auch gerne weitere Schriften zur Sexualaufklärung und natürlich auch Präservative hätten, ob sie nicht welche besorgen könnte? Weil so viele Bestellungen für die *Schrift X* eintrudelten, gründete sie ihr erstes Geschäft, den sogenannten »Betu-Betrieb«, und verschickte für 2 Mark und 70 Pfennig (die Nachnahmegebühr) ihre *Schrift X* – im ersten Jahr waren es stolze 32 000 Exemplare.[26] Und sie besorgte beim größten Kondom-Versandhändler Walter Schäfer Präservative, die sie einfach weiterverkaufte. Walter Schäfer war sehr schlau gewesen, denn er hatte sich nach dem Krieg in der sowjetischen Besatzungszone ganze Wagenladungen an Präservativen besorgen können – ein sehr erfolgreiches Geschäft, denn die Deutschen brauchten sie offensichtlich fast so dringend wie die Nahrung.

Ebenfalls zugute kam Beate, dass Ewe sich durch sein Geschäft mit Ewisin bereits sehr gut mit dem Versandhandel auskannte. Die beiden zogen mit Kind und Kegel nach Flensburg in das Pastorat St. Marien. Hier überließ eine Verwandte von Ewe (die Witwe des mittlerweile verstorbenen Pastors) der jungen Familie ein Zimmer. 1949 heirateten die beiden, kurz zuvor war ihr gemeinsamer Sohn Ulrich auf die Welt gekommen. Bärbel und Dirk Rotermund lebten auch bei ihnen und Beates neuer Nachname, den sie bis zu ihrem Tod behalten sollte, war ab sofort Rotermund. Familie Rotermund sollte ein Neustart für Beate sein – in vielerlei Hinsicht. Geschäftlich wie privat standen die Zeichen nun auf Glück.

Geprägt von Nazideutschland

Dennoch gab es viele erste Hürden zu nehmen. Noch immer war Deutschland ideologisch sehr stark durch Nazipropaganda geprägt – das betraf auch die Sexualität. Von »Sex« durfte man noch gar nicht reden, sondern es musste der sehr sperrige Begriff der »Ehehygiene« benutzt werden. Die Idee, dass in der Sexualität eine bestimmte »Hygiene« zu herrschen habe, leitete sich genauso von der Vorstellung einer anzustrebenden »Volksgesundheit« ab, wie auch die sogenannte »Abtreibungsseuche«. Eine Vorstellung, deren Urheber gar nicht so sehr die Nazis selbst gewesen waren, sondern die schon viel früher im Wilhelminischen Kaiserreich um die Jahrhundertwende verankert war. Damals bedrohten schwere Krankheiten das deutsche Volk, vor allem in den aufgrund der Industrialisierung dicht besiedelten Großstädten herrschte Seuchengefahr. Es gab eine regelrechte Hygiene-Bewegung, die vor allem für reines Wasser kämpfte, aber eben auch gegen Geschlechtskrankheiten. Bis heute sind in dieser Hinsicht Kondome die sicherste Methode. Und Kondome, die gab es auch damals schon eine ganze Weile.

Der Name, der hier für die neue Massenproduktion in Deutschland steht, ist Julius Fromm. Der hatte sich nämlich ganz ähnlich, wie später Beate Uhse, etwas in den Kopf gesetzt: Präservative, die im Wilhelminischen Kaiserreich noch etwas waren, über das man nicht offen sprechen konnte, sollten zu Alltagsartikeln werden, die jeder ohne Scheu benutzen konnte. Und wie Beate Uhse, wollte er dadurch Vertrauen stiften, dass er sie nach sich selbst benannte: *Fromms*. 1919, zufälligerweise in jenem Jahr, in dem Beate auf die Welt kam, brachte er Kondome mit dem Namen »Fromms Act« auf den Markt, zum Preis von 72 Pfennig für eine Packung mit drei Stück.

Er traf mit seiner Geschäftsidee ins Schwarze, denn einerseits bediente er damit die Ziele der ›Hygiene‹-Bewegung, andererseits aber eben auch die zunehmende Nachfrage nach Verhütungsmaßnahmen bzw. einer kontrollierten Familienplanung. Gerade in den Großstädten, wo Bildung und Arbeit für beide Geschlechter zunehmend in den Mittelpunkt gerieten, wollte man sich und sein Lebensglück nicht mehr davon abhängig machen müssen, ob vielleicht ungeplant Nachwuchs hereinschneite.

Die katholische Kirche war eigentlich die einzige Institution, die das anders sah: Kondome galten schon seit dem späten 19. Jahrhundert hier als »böse« – aber das interessierte moderne Deutsche immer weniger.

Reichsjustizminister Gustav Radbruch jedoch schon: Er erließ 1922 ein Werbe- und Verkaufsverbot für Kondome – mit geringen Auswirkungen auf das Kauf- und Sexualverhalten der Deutschen. In seiner Reportage über Julius Fromm schrieb der *Spiegel* 1995:

»Julius Fromm produzierte zu dieser Zeit dank eines automatisierten Verfahrens schon über 100 000 Präservative am Tag. Fromms Act verfügte über Filialen in Breslau, Köln und Hannover und eröffnete im beschaulichen Berliner Vorort Friedrichshagen unweit des Müggelsees eine neue Fabrik.«

Fromm machte also einfach weiter – auch hier gleicht er auf frappierende Weise der späteren Beate Rotermund. Und so zeigte sich schon in den 1920ern, noch vor Hitlers Machtergreifung, was sich in den 1950ern, nach dem Ende des Krieges, fortsetzen würde: Der Ideologiekampf um die Sexualität wurde vor allem zwischen den tatsächlichen Nöten und Bedürfnissen der deutschen Bevölkerung auf der einen Seite und der rigiden kirchlichen Sexualmoral auf der anderen Seite ausgetragen, wobei sich moderne Geschäftsleute eher an der Bevölkerung und ihren Konsumwünschen und die Politik eher an der kirchlichen Moral orientierte.

Die Sexualität im Nachkriegsdeutschland

Während nach dem Krieg die Alliierten in Deutschland in vielen verschiedenen gesellschaftlichen Bereichen dafür sorgten, bestimmte Gesetze und Verfahren zu etablieren, hielten sie sich im Bereich der Sexualität damit jedoch zurück. So gab es eben einerseits in vielen Bundesländern noch Abtreibungs- und Verhütungsverbote aus der Nazizeit, andererseits hatten die Nazis aber auch viele davor erlassene Gesetze, wie etwa das Schmutz- und Schund-Gesetz von 1926, abgeschafft. Hier tritt der katholische Volkswartbund (VWB) auf den Plan. Der legte, um genau diese Lücke zu schließen, im Jahr 1949 einen Gesetzesentwurf zum Schutz der Jugend vor »Schmutz und Schund« vor. Er konnte damit an eine alte

Debatte um »Schmutz und Schund« im Wilhelminischen Kaiserreich anschließen.[27] Ebenfalls im Jahr 1949 – nur ein paar Monate später – wurde die erste Bundesregierung gebildet und deren Innenminister Gustav Heinemann legte den Entwurf des VWB sogleich dem Bundestag vor. Die Nähe zur Politik hatte sich gleich doppelt bezahlt gemacht: Heinemanns Nachfolger Robert Lehr stimmte einer Bezuschussung des VWB mit Bundesmitteln zu. Doch gegen das Gesetz gab es starke Gegenwehr seitens der Verlage und Medien. Man befürchtete eine Zensur und erinnerte an die Schrecken des Nationalsozialismus. Die *Frankfurter Rundschau* nannte seine Befürworter gar »Naziaktivisten«[28]. Doch für die Regierung stand nicht die Freiheit, sondern die Sittlichkeit im Zentrum ihrer Politik.

Die Historikerin Elizabeth Heineman sieht darin eine typische Facette der Adenauer-Regierung: Illiberalismus und Prüderie gehen Hand in Hand, Indizierungs- und Zensur-Apparate entstanden, die in ihren Fokus die Sexualität nahmen und nicht etwa, was nach dem Dritten Reich auch eine Idee hätte sein können, den Rassismus. Wenn es darum ging, festzulegen, was tolerabel war und was nicht, stand Sex ganz oben auf der Blacklist – die eigene Nazivergangenheit hingegen kümmerte vergleichsweise wenig. »Unzucht« dagegen war der Feind der ordentlichen Leute, auch wenn der Begriff seltsam amorph ist. Und das bekam auch Beate Rotermund zu spüren. Sie wurde angeklagt.

In der ersten Anklage heißt es über sie und ihr Geschäft: »Später baute sie dieses Unternehmen aus, indem sie unter der Firma ›B. Uhse Reformversand Flensburg, Schließfach 185‹ ein Versandgeschäft für erotische Anreizmittel, Empfängnisverhütungsmittel und dgl. mehr betrieb. Dieses Geschäft betreibt sie auch noch heute. Nach polizeilichen Feststellungen hat die Angeschuldigte in der Nikolaistraße einen Büroraum, wo ständig eine weibliche Angestellte beschäftigt wird. In diesem Raum befindet sich gleichzeitig ein umfangreiches Materiallager. Von der Angeschuldigten wird eine große Kundenkartei geführt.«

So steht es wieder und wieder in den Gerichtsakten. Denn zu dieser Zeit war für Gerichte durchaus auch entscheidend, welche Geschichte eine Angeklagte hatte – oder welches Geschlecht. So versuchte man, mehr über die Motive der Menschen zu erfahren. Handelten sie aus Gier, oder weil sie eine Familie zu ernähren hatten? Welche Rolle hat der Krieg in ihrem Leben gespielt und somit gegebenenfalls mit beeinflusst, was sie tun oder lassen? Der Oberstaatsanwalt klagte am 30. März 1951:

»Die Ehefrau Beate Rotermund, verw. Uhse, geb. Köstlin, geb. 25.10.19 in Wargenau, Krs. Königsberg / Pr., verh. ev., nach eigenen Angaben nicht vorbestraft«, an, »im Bereich der Bundesrepublik, in den Jahren 1949–1951, durch eine und dieselbe fortgesetzte Handlung

1. Gegenstände, die zu unzüchtigem Gebrauch bestimmt sind, angepriesen zu haben,

2. einem Täter zur Begehung einer als Vergehen mit Strafe bedrohten Handlung durch Tat wissentlich Hilfe geleistet zu haben,

3. innerhalb der amerikanischen Besatzungszone Mittel oder Gegenstände, welche die Schwangerschaft verhüten oder Geschlechtskrankheiten vorbeugen sollen, fahrlässig einer Vorschrift entgegen angekündigt und in Verkehr gebracht zu haben.

Vergehen gegen §§ 184 Ziff. 1 u. 3, 219 (Fassung für die amerikanische Zone) usw.«

»Beweismittel:

I. Geständnis und eigene Angaben der Angeschuldigten

II. Zeuge: Krim. Pol. Mstr. Meyer, 1. K. Sitte, Flensburg

III. Urkunden (Prospekte):
  A. »Ein Blick in die Zauberwelt der Erotik«,
  B. »Rund um die Zauberwelt der Erotik«,
  C. »Stimmt in unserer Ehe alles?«
IV. Überführungsstücke:
  a) eine Schachtel »Gummipeter«
  b) ein Exemplar »Amoral-Krone«.

»Die Angeschuldigte hat dann später ein eigenes Prospekt verfasst, das […] die Überschrift trägt: »Rund um die Zauberwelt der Erotik«. In diesem Prospekt werden angepriesen in erster Linie Spezialpräservative, sexuelle Anregungsmittel (Erotin, Sanursex, Okasa), ein Steriloform-Apparat, Patentex, sowie verschiedene Salben, wie Orgasmostop-, Gligro-Spezialsalbe usw. Außerdem enthält das genannte Prospekt die Anpreisung eines sogenannten »Gummipeter«, eines Gegenstandes, der der Selbstbefriedigung dient. Exemplare dieses »Gummipeter« sind als Überführungsstücke beigefügt. Er ist ein unzüchtiger Gegenstand im Sinne von § 184 Ziff. 3 StGB. anzusehen.«

Auch die »Amoral-Krone« sei ein »Unzüchtiger Gegenstand« nach § 184 Ziff. 3 StGB.

»Darüber hinaus hat die Angeschuldigte Prospekte aber auch […] an Personen versandt, die nichts damit zu tun haben wollten und sich durch die Zusendung in ihrer sittlichen Ehre gekränkt fühlten. So erhielt zB ein Fräulein Gerda Dannetschek in Amberg/Bayern ein Prospekt, desgleichen ein katholischer Geistlicher.«

Alles unterzeichnet mit »Bourwieg (der Oberstaatsanwalt)«.

Dieser Herr Bourwieg ist Beate ein Dorn im Auge. In einer Dienstaufsichtsbeschwerde, die sie schließlich Ende Januar 1952 verfasst, gerichtet an den »Herrn Generalstaatsanwalt Schlewig«, schreibt sie:

»Es entspricht nicht meiner Natur, jemand persönlich zu kritisieren, aber im Verlauf früherer Vernehmungen durch Herrn Staatsanwalt Bourwieg, der meine Angelegenheit bearbeitet, muss ich den Eindruck gewinnen, dass Herr Bourwieg meiner Sache nicht sachlich gegenübersteht. Er äußerte zB mir gegenüber laufend seine private Ansicht, dass ich »ein schmutziges Gewerbe« betriebe. Den Prospekt »Stimmt in unserer Ehe alles?« hob er in meiner Gegenwart immer nur mit zwei spitzen Fingern hoch und sprach von einem »verabscheuungswürdigen Pamphlet«. [...] Mehrfach äußerte er sich dahin, dass er mir als Frau den Vertrieb dieser von Ärzten geschriebenen Aufklärungsbücher und Mittel zur Geburtenregelung, sowie sonstiger hygienischer Artikel, besonders übelnehme und den Vertrieb als eine verkommene und verwerfliche Tätigkeit betrachte.«

Um daraufhin mit gespieltem Verständnis für Bourwieg zum Vernichtungsschlag auszuholen:

»Ich persönlich nehme Herrn Staatsanwalt Bourwieg diese private Einstellung nicht übel, denn ich kenne nicht die Erlebnisse, die Herrn Bourwieg zu einer Verachtung alles Sexuellen gebracht haben. Es ist jedenfalls in der Psychologie eine bekannte Erscheinung, dass eine durch Erlebnisse oder Erziehung bedingte Neurose zu einer fanatischen Verachtung alles Sexuellen führen kann.«

Doch damit stieß sie nicht auf viel Gegenliebe, der Oberstaatsanwalt beantwortet ihre Bitten nicht nur negativ, er beendet seinen Brief mit den Worten:

»Ihre Bemerkungen betr. sexuelle Erlebnisse und Neurose, die in Zusammenhang mit der Persönlichkeit des Sachbearbeiters [gemeint ist Bourwieg; Anm. d. Autorin] gebracht werden, empfinde ich als geschmacklos. Ich darf Ihnen deshalb nahelegen, sich bei etwaigen weiteren Eingaben auf sachliche Ausführungen zu beschränken.«

Was Beate hier versuchte, war natürlich tatsächlich sehr frech, und niemandem sollte ein Urteil über die psychisch-sexuelle Beschaffenheit eines anderen, wenn auch unliebsamen Widersachers, zustehen. Natürlich wird man aus heutiger Sicht die Ansichten des damaligen Staatsanwaltes für verklemmt halten, aber die Sittengesetze der 40er und 50er ließen ihm auch nicht wirklich eine andere Wahl. Wenn es allerdings stimmt, was Beate schildert, ist es nicht unwahrscheinlich, dass in Bourwieg sich eine für die sexuelle Emanzipation eher nachteilig auswirkende »Sitten«-Ansicht der Zeit paarte mit einem persönlichen Moralempfinden, das nicht nur Schwierigkeiten mit offen gelebter Sexualität hatte, sondern überdies auch noch von Sexismus geprägt war. Dennoch: Auch was das angeht, wäre Bourwieg durch und durch ein Kind seiner Zeit gewesen.

In der ersten Instanz wurde Beate Uhse vom Schöffengericht in Flensburg am 28. Juni 1951 »wegen Verbreitung unzüchtiger Schriften in Tateinheit mit Anpreisen von Gegenständen, die zum unzüchtigen Gebrauch bestimmt sind, und wegen Anpreisens in einer Sitte und Anstand verletzenden Weise von Mitteln, die zur Verhütung von Geschlechtskrankheiten dienen, zu einer Geldstrafe von 600 DM, ersatzweise 60 Tagen Gefängnis verurteilt.« Aus der Urteilsbegründung:
»Die Prospekte erwecken zunächst den Anschein, als ob durch die angepriesenen Mittel Mißstände auf dem Gebiet des Sexualwesens beseitigt werden sollen. Tatsächlich wird aber auch das geschlechtliche Triebleben und die Wollust angesprochen, sodass sich die Anpreisungen nicht nur an die Personen wenden, deren sexuelles Empfinden verlorengegangen oder geschwächt ist, sondern auch an diejenigen, bei denen das sexuelle Empfinden normal ist, denen aber ein nie geahntes Wollustgefühl versprochen wird. In diesem Sinne sind folgende Stellen der Prospekte zu beanstanden:

Aus der Ankündigung der Orgasmostop-Männersalbe:
O...Stop-Männersalbe verspricht ungeahnte Freuden und
Feste der Liebe, denn der Augenblick, den Goethe beschwor
»Doch zu verweilen« läuft gleichsam in Zeitlupe ab und er-
füllt damit den tausendfach gehegten Wunsch bei Männern
und Frauen.«

Ausgerechnet Beate Uhses fast schon poetische und meist
sehr fantasievolle Anpreisungstexte wurden nun zum Stein
des Anstoßes vor Gericht, so auch:

»Die Franzosen als Meister der Liebeskunst erkannten
schon sehr früh die Vorteile der Igel-, Noppen und Zacken-
präservative. Sie gingen von der Entdeckung aus, dass die
Chinesen und ein Eingeborenenstamm in Südafrika die Eichel
durchbohrten und kleine Pflöckchen aus Gold oder Edelholz
an dem Glied befestigten. Hierdurch erreichten sie die Befriedigung der jeweiligen Liebespartnerin so vollkommen, dass
diese in ein Hörigkeitsverhältnis fiel und nicht mehr daran
dachte, sich einem anderen Manne hinzugeben.«

Heute schmunzelt man über solche Zeilen, damals waren
sie eine Zumutung. Erst recht, wenn derlei Texte mit Ver-
hütungsmitteln, Sexspielzeugen und Erotik-Heftchen verschickt wurden. Eine solche »Zusammenstellung erotischer
Dinge« war für das Gericht zusammen mit den sie anpreisen-
den Texten »geeignet, das Scham- und Sittlichkeitsgefühl in
geschlechtlicher Beziehung zu verletzen. Aus diesem Gefühl
heraus sind auch die vielen Anzeigen erstattet [...] Es ist nicht
verkannt worden, dass die Probleme im Sexualleben, die die
Angeklagte in ihrem Prospekt anschneidet, auch tatsächlich
bestehen. Die Angeklagte wendet sich aber nicht nur an diese
Kreise, sondern spricht darüber hinaus vor allem die Bevölkerungskreise an, die für eine sexuelle Ausschweifung zugäng-
lich sind. Eine solche sexuelle Bestätigung wird aber von der
überwiegenden Allgemeinheit als unzüchtig angesehen.«

Das Gericht hat also so entschieden, weil es die Menschen vor Beate Rotermunds Unzucht-Spielzeug zu schützen gedenkt! In der weiteren Begründung wird das deutlich: »Das Anpreisen so heikler Dinge muss in einer diskreten und zurückhaltenden Art geschehen. Das Anbieten einer ganzen Kollektion von Dingen, die beim Geschlechtsakt verwendet werden können und durch die nach Ausführungen im Prospekt auch Unzucht Vorschub geleistet werden soll, verletzt diese gebotene Zurückhaltung in gröblicher Weise. Eine Werbung in dieser Art und Weise ist als sitte- und anstandsverletzend anzusehen. *Einem normal empfindenden Menschen kann nicht zugemutet werden,* sich eine derartige Zusammenstellung ungebeten als Drucksache in sein Haus schicken zu lassen.« So das Gericht.

Und auch, dass Beate Rotermund eine Frau war, geriet ihr in den Verhandlungen zunächst nicht gerade zum Vorteil. So schreibt das Gericht in seiner Begründung des Strafmaßes:

»Zu Gunsten der Angeklagten konnte nicht berücksichtigt werden, dass sie eine Frau ist, auch wenn sie es dadurch besonders schwer hatte, für ihre Familie zu sorgen.

Bei der Art der Tat steht hier dagegen, dass das Schamgefühl einer Frau, besonders bei einer Frau, die eine gute Erziehung und Ausbildung genossen hat, sie von der Tat hätte abhalten müssen.«

Sowohl Beate als auch der Staatsanwalt sind daraufhin in Berufung gegangen, beide wurden abgewiesen.

Was ist »unzüchtig«?

Aus der Ablehnung der Berufungen durch die zweite Instanz lässt sich ganz gut erkennen, dass selbst die deutsche

Gerichtsbarkeit damals nicht so wirklich etwas für das Wort »Unzucht« liefern konnte, was heute als *Definition* im engeren Sinne durchgehen würde:

»Eine Schrift ist unzüchtig, wenn sie geeignet ist, das gesunde Scham- und Sittlichkeitsgefühl *normal* empfindender Menschen in geschlechtlicher Beziehung zu verletzen. Dies ist [aber] hier der Fall, denn die Prospekte bezwecken eindeutig auch die Erregung und Förderung geschlechtlicher Lüsternheit, wie vom Vorderrichter mit zutreffender Begründung ausgeführt ist.« [Hervorhebung durch Autorin]

In einer weiteren Anklage, die im Dezember 1951 folgte, wird präzisiert:

»Mögen sich auch einzelne von ihnen [gemeint sind die Gegenstände; Anm. d. Autorin] zum ehelichen Beischlaf eignen, so hindert das nicht, dass es sich wegen ihrer Zweckbestimmung um unzüchtige Gegenstände handelt.«

Beate sah das natürlich vollkommen anders. Sie war der Auffassung, »dass durch die von ihr verbreitete Schrift das Scham- und Sittlichkeitsgefühl des Durchschnittsmenschen nicht verletzt werde«.

Dies war bloß das erste Verfahren gegen Beate und es sollten noch viele weitere folgen. Alleine in den ersten zehn Jahren waren es 25 Verfahren. Beate Rotermund stieß mit ihren Prospekten in ein Wespennest, denn die Sexualmoral war im Wandel, aber nicht alle waren auf dem gleichen Stand. So konnte ihr Anwalt, Werner Kickstat, zwar aus anderen zeitgenössischen Gerichtsurteilen zitieren, wie etwa von Schriftstellern, die wegen unzüchtiger Schriften angeklagt wurden, oder auf die Strafsache Matthes verweisen, eine ähnlich gelagerte Anklage, wegen Broschüren, in denen »die geschlechtlichen Beziehungen zwischen Mann und Frau« Thema waren. Nicht jede solche Schilderung oder Broschüre sei automatisch »unzüchtig«, heißt es da, erst, wenn »dadurch der Geschlechtstrieb erregt und das Scham- und Sittlichkeitsgefühl des *in sittlicher Hinsicht durchschnittlich empfindenden Lesers* verletzt wird« [Hervorhebung durch die Autorin], so das Gericht, könne man dies verurteilen. Was genau das eigentlich ist, ein solcher durchschnittlich empfindender Leser, das ist nicht leicht zu sagen. Das sieht auch das Landgericht in Bielefeld im Jahr 1951 schon als Problem:

»Die Grenze, an der eine Schrift das Scham- und Sittlichkeitsgefühl eines weder verdorbenen noch besonders empfindlichen Menschen, also unbefangen, gesund empfindend erwachsenen Lesers – nur dieser ist maßgebend, – verletzt, ist häufig schwer zu bestimmen. Insbesondere ist nicht zu verkennen, dass die Anschauungen in dieser Beziehung einem erheblichen Wandel unterliegen können und einen solchen auch tatsächlich erfahren haben. Es ist kein Zweifel, dass ein großer Teil der literarischen Erzeugnisse, auch angesehener Schriftsteller […] und Theaterstücke auf allen namhaften Bühnen gespielt werden, geschlechtliche Vorgänge offen, deutlich, ja krass in einer Art behandeln, die früher allgemein als anstößig und »unzüchtig« empfunden wäre, heute aber von einem erwachsenen Leser oder Zuschauer […] bedenkenlos hingenommen wird. Ob diese Entwicklung eine erfreuliche ist, ist eine andere Frage; jedenfalls geht es nicht an, diesen Wandel der allgemeinen Anschauung zu ignorieren.«

In seinen Verteidigungsschriften trug Anwalt Kickstat den Streit um die Frage aus: »Was ist unzüchtig und was nicht?« Er hebt die Sache auf eine ganz neue Ebene, indem er auf das Grundgesetz rekurriert und auf das Recht zur freien Entfaltung der Persönlichkeit des Menschen, als Menschenrecht, wie unser Grundgesetz es ja widerspiegelt. Er schreibt, zuerst Artikel 2 Absatz 1 des Grundgesetzes zitierend:

»›Jeder hat das Recht auf die freie Entfaltung seiner Persönlichkeit, soweit er nicht die Rechte anderer verletzt und nicht gegen die verfassungsgemäße Ordnung oder das Sittengesetz verstößt.‹ In diesem Freiheitsbegriff«, so führt Kickstat aus, »ist auch das Recht der freien Selbstbestimmung darüber enthalten, ob aus einer geschlechtlichen Beziehung neues Leben entspringen soll.«

Wir sehen: Was um Beate Uhse herum geschieht, ist das Ringen einer ganzen Gesellschaft um ihre Haltung zur Sexualität und es wird bekanntermaßen noch Jahrzehnte dauern, bis dieses Ringen sein vorläufiges Ende finden wird.

Am Ende gibt es für Beate Rotermund den Freispruch durch das Landgericht Flensburg. Es folgen noch viele weitere Freisprüche und Verfahren, die eingestellt werden.

Kapitel 4:
Die Beate-Uhse-Story

Wie schon zuvor geschildert, ist vieles rund um die *Schrift X* und den Willen, den Deutschen in ihren Nöten zu helfen, Teil einer PR-Strategie der späteren Firma Beate Uhse gewesen. Konkret zeichnet hierfür ein kluger Kollege aus der Presseabteilung verantwortlich: Hannes Baiko. Aber warum bedurfte es dieser Story? Was sollte sie glauben machen, und was vielleicht verdecken?

Laut Sybille Steinbacher waren auch über die *Schrift X* bei ihrem Erscheinen bei Weitem nicht alle nur erfreut. Es gab zahlreiche Beschwerden und die nicht nur wegen der Verklemmtheit derer, die sich beschwerten. Auch viele Wucherbeschwerden über die *Schrift X* machten anfangs die Runde. Beate wurde wegen »groben Unfugs und betrügerischer Absichten« sowie wegen »Verstoßes gegen die Preisvorschriften« angezeigt. In ihren späteren Selbstdarstellungen liest man davon natürlich nichts. »Für die *Schrift X*, hieß es, verlange sie mit 2,70 Mark einen Wucherpreis. Dabei biete sie weder eine neue noch eine zuverlässige Methode der Empfängnisverhütung an, sondern informiere nur über das Altbekannte, längst ins Allgemeinwissen übergegangene Verfahren nach Knaus-Ogino, über das auch anderswo zu lesen war …«, schreibt Steinacher.[29]

Tatsächlich habe man auch in den Illustrierten *Constanze* sowie in *Liebe und Ehe* Anleitungen dieser Methoden finden können. Eine Beschwerde bei der Polizei Flensburg lautete: »Man hat die hohe Erwartung, dass das Thema endlich einmal erklärt wird. Und dann kommt so ein Wisch.«[30] Beschwerden über die Geldmacherei durch die *Schrift X* verteilten sich über das gesamte Bundesgebiet, selbst die Deutsche Zentralstelle zur Bekämpfung der Schwindelfirmen zeigte Beate an.

Das deckte sich in Teilen mit der Meinung des Volkswartbundes über Erotik-Versandunternehmen insgesamt: »Nirgendwo tritt die krasseste Geldgier so in die Erscheinung (sic!) wie bei den Geschäftspraktiken dieser Schmarotzer an der deutschen Volkskraft.«[31] Es sind Gegner wie diese, die man später bereitwillig in die Beate-Uhse-Story aufgenommen hat, denn sie passten gut in das Bild des vermeintlichen Kampfes gegen überkommene Moral- und Wertevorstellungen.

Wie Elizabeth Heineman herausstreicht, die ihre Dissertation über Beate Uhse geschrieben hat, ging es mit dem bewussten Steuern der Beate-Uhse-Story zudem darum, Mitkonkurrenten, wie den schon genannten Walter Schäfer, »unsichtbar« zu machen.[32] Bis in die 1960er Jahre hinein war Schäfer der größte Erotik-Versandhändler in ganz Deutschland, aber von ihm wissen wir heute so gut wie gar nichts. Er hat nicht einmal einen Wikipedia-Eintrag bekommen und in Beate Uhses Autobiografie wird er kein einziges Mal erwähnt. Ob das Zufall ist?

Oder sollte es für uns so aussehen, als sei Beate Uhse die Erste gewesen, die auf die Idee gekommen ist, im Erotik-Business Geld zu verdienen?

Tatsächlich lässt die Art und Weise, wie Beate Rotermunds Biografie und Beate Uhses Firmengeschichte zu einer Gesamtgeschichte verwoben wurden, vermuten, dass es kein Zufall sein kann, dass Konkurrenten darin nicht vorkommen. Ziel war vielmehr, Beate Uhse als *das* Beispiel für die bundesdeutsche sexuelle Revolution darzustellen! Und diese Geschichte geht so: Seit 1947 macht die Heldin wichtige Aufklärungsarbeit (die *Schrift X*), dann kämpft sie den großen Kampf »für die Liebe« bis vors Gericht (diese Idee gipfelt in den 70ern im Satz »Hier steht heute der Orgasmus vor Gericht!« – ein perfekter Werbesatz!) und am Ende verdanken wir ihr, dass wir endlich frei sind in unserer Sexualität.

Diese Geschichte klingt zu schön, um wahr zu sein. Und sie ist es auch, denn von dem Idealismus der Anfangsjahre wird ab Mitte der 1970er nichts mehr übrig sein. Dann nämlich kommt die Legalisierung der Pornografie und die Firma Beate Uhse nimmt kein Blatt mehr vor den Mund.

Gleichzeitig kann man allerdings auch nicht generalisierend behaupten, dass es Beate Uhse / Rotermund *nur* ums Geld gegangen wäre – aber Firmenerfolg und das Vorantreiben der sogenannten sexuellen »Revolution« und der »Sexwelle« standen durchaus in einem günstigen Verhältnis zueinander: eine Win-win-Situation. Zudem lässt sich nur so erklären, wie die spätere Veränderung der Ansprache durch Beate Uhse in Heften und Katalogen von sehr freundlich und höflich zu beinahe »aggressiv-pornös« kam. Doch dazu später mehr.

Die Werbetexter haben es geschafft, eine runde Geschichte zu erzählen, in der Beate Uhse die Heldin ist – und so kämpft sie, gespielt von Franka Potente, sogar 2011 noch für den Orgasmus – im Auftrag des Zweiten Deutschen Fernsehens, ZDF.

Der weibliche Ton

Was dieser Inszenierung sicherlich auch geholfen hat, war die Tatsache, dass sie eine Frau war. Denn als sie Ende der 1940er

Jahre ins Geschäft einstieg und begann, Prospekte zu verschicken, tat sie das stets mit einer persönlichen Ansprache. Einer genuin weiblichen Ansprache. Ein Beispiel dafür ist die Broschüre »Stimmt in unserer Ehe alles?« (1951), die Beate Uhse an ihre Kund*innen und solche, die es vielleicht noch werden würden, verschickte. Darin wendet sie sich allein aus rechtlichen Gründen nur an Eheleute und deren etwaige Probleme im Bett. Sie spricht auf der ersten Seite direkt das Problem an, dass viele Beziehungen ins Wanken geraten, weil die Eheleute es einfach nicht schaffen, offen und ehrlich an ihr Liebesleben ranzugehen. Dabei schreibt sie denjenigen, die Sexualität zu einem Tabuthema erklärt haben, sogar eine Mitschuld an den hohen Scheidungsraten zu! In der Liebe sei es wichtig, Bescheid zu wissen:

»Für zwei Menschen, die sich für ein ganzes Leben verbinden, sollte es auch in sexuellen Fragen keine Geheimnisse und Unaufrichtigkeiten, sondern Vertrauen und Anvertrauen geben.«[33]

Sie ist vor allem den Sorgen der Frauen zugewandt, wenn sie weiter darüber spricht, dass in »Hunderttausenden Ehen« noch die Angst vor dem ungewollten Kind regiere, gerade in den Momenten, oder wie sie schreibt, der Stunde, »die von der Natur dazu bestimmt ist, die Ehepartner in höchster Beglückung zu vereinen«. – Also auf gut Deutsch: beim Sex.

Die Atmosphäre zwischen den Ehepartnern werde durch diese Angst vergiftet, sogar »Nervenleiden« wären eine Folge davon, ebenso wie die »vermeintliche Gefühlskälte der Frau«.

Beate Uhse spricht damit gleich zwei heikle Themen ihrer Zeit an: einerseits die Verhütung und das Verhindern von ungewollter Schwangerschaft. Und andererseits ein Thema, das auch von anderen Erotik-Versandhäusern aufgegriffen wurde: die »Frigidität« der Frau. In Walter Schäfers Versandkatalog »Gisela« findet dies ebenso Beachtung. Nur auf eine ganz

»männliche« Art, also die Perspektive des Mannes aufgreifend und so unschöne Witze darüber machend, wie zum Beispiel einen Mann neben einem Kühlschrank abzubilden, der über seine Ehe sagt:»Ich könnte genauso gut mit einem Kühlschrank verheiratet sein.« – Nicht gerade einfühlsam ... Das Gegenteil waren die Texte im Beate-Uhse-Katalog! Sie nimmt die Ehemänner in die Pflicht, wenn sie schreibt:

»Sollte es nicht eigentlich jeder Ehemann wissen, dass es auch für die Frau bei der körperlichen Vereinigung einen ›Höhepunkt‹ gibt?«

und:

»Wie der ›ideale Ehemann‹ aussehen soll, wird oft genug in Zeitschriften getestet. Bei diesen Befragungen kommt gewiss eine ganze Reihe von Dingen auf den ›Wunschzettel‹, die jedoch – bei Licht betrachtet – eigentlich zu den Selbstverständlichkeiten gehören sollten. [...] Von Zehntausend durch das Gallup-Institut befragten Frauen äußerten zwei Drittel, dass sie in der ehelichen Vereinigung den Höhepunkt nie empfanden!«

Ihre Wäschekollektion preist Beate besonders dichterisch inspiriert an:

»Annette [so der Name des Wäschestücks, Anm. d. Autorin], das von der Liebesgöttin selbst inspirierte Perlonmodell macht SIE unwiderstehlich liebenswert.«

Und weiter hinten:

»Sicher können Sie sich denken, dass es mir als Frau nicht möglich ist, ohne großen Idealismus auf diese Weise für das Glück der Frauen und die Erhaltung der Ehe zu werben.«[34]

In ihrer Autobiografie ergänzt sie später, die eigene Entwicklung reflektierend:

»Von Verkaufspsychologie hatte ich damals noch keinen blassen Schimmer, aber irgendwie hatte ich das Gefühl, dass besondere Sorgfalt und Behutsamkeit in dieser Branche nötig sind, gerade wenn man Frauen ansprechen möchte.«

Natürlich bot der Katalog zu allen Problemen, die thematisiert wurden, auch käuflich erwerbbare Lösungen an. So auch für das Problem, dass viele Männer, aber auch Frauen keine Kondome mögen. Zitat:

»In gewissem Sinne haben sie alle Recht damit, denn bei sensiblen Männern genügt unter Umständen schon die Beschäftigung mit dem Kondom, um die Potenz wieder zum Schwinden zu bringen. Außerdem sind es, nach der Statistik von Prof. Kinsey[35], vor allem die Unterbrechungen des Liebesspiels, die den Orgasmus der Frau verhindern.«

Deshalb wurden im Beate-Uhse-Katalog alternative Verhütungsmethoden angeboten, wie etwa Spermizide, die direkt in die Vagina eingeführt werden können und dort für mehrere Stunden die Befruchtung verhindern. Oder Anleitungsbücher für die Knaus-Ogino-Methode, die sie ja schon in ihrer *Schrift X* den Leuten angepriesen hatte. Stark im Mittelpunkt ihrer Broschüre stand das »Problem« der Frau, wenn beim Sex der Orgasmus ausbleibt, was sehr ungewöhnlich für diese Zeit war (und ein paar Jahre später auch aus dem Uhse-Marketing komplett verschwindet). Damals wurden Kondome mit Noppen und solche, die beim Liebesakt die Klitoris stimulieren, angepriesen. Auch Kondome, die man schnell mit einer Hand drüberziehen kann, um die störenden Unterbrechungen zu minimieren.

Immer wieder nimmt sie bei dieser Form der Kommunikation mit den Käufer*innen ihrer Erotika auch die eigene Geschichte in den Blickpunkt. Wie es heute von vielen »Influencern«[36] bekannt ist, personifiziert sich Beate Rotermund mit ihrer Firma und adressiert dabei stets die Sorgen und Nöte der deutschen Frauen nach dem Krieg. Im Fokus steht stets das Paar, das *miteinander* das Glück sucht. Der Ton ist wohlwollend, sie schreibt selbst, dass ein großer Idealismus sie antreibe und im Mittelpunkt stehe die *Menschlichkeit* des

Sexuellen. Die Suche nach Geborgenheit und Sicherheit. Sicher war dies auch allein deswegen notwendig, damit es vor Gericht keine Schwierigkeiten gab – aber es war auch philosophisch eingebettet in einen liebe- und hoffnungsvollen sexuellen Diskurs, und dieser wurde ein Alleinstellungsmerkmal gegenüber all den anderen Erotik-Versänden, die eher auf den Mann als Kunden fokussiert waren. Elizabeth Heineman schreibt über den Kontext dieser Ausrichtung bei Beate Uhse:

»Bis gut in die 1960er Jahre hinein verwendeten die Kataloge Rotermunds Biografie, um die Firma mit einer feminisierten Geschichte der jüngsten Vergangenheit und mit einer Philosophie zu verbinden, die Frauen als den Anker eines ehelichen Lebens identifizierten.«[37]

Es sei gar von der »Stunde der Frauen« die Rede gewesen. Dennoch: Auch sexistische Narrative schimmern immer wieder durch. So wird die männliche Führungsrolle in allen sexuellen Angelegenheiten nie infrage gestellt.[38] Männer werden als »Kopf« und Frauen als »Herz« der Familien betrachtet. Könnten das die frühen Boten einer später sehr viel klarer sexistisch ausgerichteten Firma sein? – Aber vielleicht ginge eine solche Unterstellung einen Schritt zu weit. Denn wie immer mit historischen Analysen ist es auch hier wichtig, zu kontextualisieren, und wenn man die Ideale der frühen Bundesrepublik betrachtet, zeigt sich, dass die drei genannten Narrative nichts als ein bloßer Spiegel des gesellschaftlichen Konsenses der 1950er Jahre sind: Eine Erzählung von Mann und Frau, wie wir sie aus den Filmen, der Werbung und der Literatur der 50er nur zu gut kennen.

Beate Uhse schaffte in den 1950er und 1960er Jahren mit der Ausgestaltung ihrer Geschichte einen mehrfachen Spagat: Sie wirkte »sauber« und »anständig« und ihre Ansprechhaltung ermöglichte es nicht nur Frauen, sich wohlzufühlen, sondern erlaubte es auch Männern, ein weniger schlechtes Gewissen zu haben, wenn sie sich mit Erotika versorgten. Sie erklärte beiden, dass »ein normales Familienleben« mit sexuellem Konsum mehr als gut vereinbar wäre – dass Letzterer sogar zur Stabilität der Ehe beitragen würde. Die Geschichte war genial gestrickt. Und so schaffte sie den Durchbruch: 1962 hatte sie bereits 1,5 Millionen Kund*innen und sie konnte 200 Leute in ihrer Firma beschäftigen.

Mitbewerber? – Sieht man nicht

Die Beate-Uhse-Story hat vor allem eines geschafft: Die Mitbewerber nach dem Krieg beinahe unsichtbar zu machen. Walter Schäfer war damals bei Weitem größer und erfolgreicher als Beate Uhse, sein Versand »Gisela« verkaufte im Winter 1949/1950 bereits erotische Waren an rund 200 000 Kundinnen und Kunden, davon bestellten 60 000 Menschen monatlich oder gar alle zwei Wochen.[39] Er war so erfolgreich, dass er es sich leisten konnte, pharmazeutische Labore zur Herstellung von Penis-Stimulanzien zu betreiben und eigene Kosmetika wie zum Beispiel Cremes für Brüste und Druckerpressen zu kaufen. Er besaß auch eigene Verlagshäuser, die Sexualliteratur druckten. Alles das würde auch Beate Uhse einmal auf die Beine stellen – doch Schäfer war, wenn es um die Frage geht, wer Pionier im Geschäft mit dem Sex war, eindeutig zuerst da.

Insgesamt gab es 1952 bereits 111 Erotik-Versandunternehmen, die deutsche Haushalte belieferten[40] – doch nur der Name Beate Uhse ist den Leuten in den Ohren. Wer hat schon von Alfred Weber oder von Richard Wunderer gehört? Oder von der Firma »Dublosan«, die schon in der Weimarer Republik öffentliche Kondomautomaten aufgestellt hatte? Dublosan wurde als Marke sogar schon 1924 eingetragen.[41] Neben den Kondomen von Dublosan gab es auch Salben, die für die Geschlechtsorgane bestimmt waren. Die Firma Dublosan gab es bis in die 1980er Jahre.

Im Gegensatz zu den Mitkonkurrenten war Beate allerdings ab Mitte der 1960er Jahre regelmäßig in den bundesweiten Medien vertreten und sie war schlau: Ihre Publikationen, die später in zur Firma gehörenden Verlagen gedruckt wurden, hat sie in der Deutschen Nationalbibliothek archivieren lassen. So etwas hatten die meisten anderen Firmen gar nicht auf dem Schirm – doch Beate kannte das Gesetz und wusste: Auch ihr Verlag musste in die Nationalbibliothek aufgenommen werden.

Auch dass es heute so etwas wie das »Beate-Uhse-Archiv« in der Forschungsstelle für Zeitgeschichte in Hamburg gibt, zeigt: Beate Rotermund hatte ein gutes Gespür dafür, die eigene Existenz in die Geschichte der Deutschen einzufügen, und so ist es auch für alle Medienschaffenden immer schwierig, über das Phänomen ihrer Erfolgsgeschichte zu berichten, ohne selbst Teil der Produktion der Beate-Uhse-Story zu werden. Ein Grund übrigens, warum Elizabeth Heineman in ihrer Forschungsarbeit über viele Dinge gar nicht erst schrieb, ist die Tatsache, dass es für manche Thematiken nur eine einzige Quelle gab: Beate selbst – ein Faktencheck ist hier also gar nicht möglich. Viele Medien (*Der Spiegel*, Ullstein Verlag, ZDF etc.) haben seit den 1960er Jahren einfach abgedruckt, was im Hause Uhse fabriziert wurde. Zu Elizabeth Heinemans Verwunderung:

»Und sie machen das immer noch! Zu meinem Buch, wo ich über den Beate-Uhse-Mythos schrieb, habe ich auch einen Artikel auf Deutsch über ihn geschrieben. Sicher haben Leute das gelesen – aber es ist einfach keine so gute Story, also machen alle weiter und wiederholen den Mythos. Im Grunde wiederholen sie einfach ihre Publicity – und sie war so eine brillante PR-Frau! Einfach brillant! 20 Jahre nach ihrem Tod wiederholen immer noch alle ihren Mythos!«[42]

Die Beate-Uhse-Story führte dazu, dass der Firmenname »Beate Uhse« im Jahr 1974 einen Bekanntheitsgrad von 87 Prozent in der Bundesrepublik hatte. Und 1982 waren es schon ganze 94 Prozent. Die Marketingstrategie des Hauses war also ein voller Erfolg und gezielt auf eine öffentliche Biografie der Gründerin »Beate Uhse« zugeschnitten.

Besonders auffällig wird das im Katalog von 1963, der den Titel trägt: »Gesunde Ehe – Glückliche Ehe«. Beate Rotermund aka »Beate Uhse« wird auf der zweiten Seite als Person vorgestellt: »Beate Uhse – eine Frau und ihre Idee«, heißt es da. Jetzt steigt die Firma mit ihrem Werbetexter Hannes Baiko richtig ein ins »Influencer«-Marketing. Beate »Uhse« wird als Frau vorgestellt, die schon immer »das Natürliche natürlich und das Menschliche menschlich zu sehen« versucht habe – ganz in der Tradition ihres Elternhauses, wie es weiter heißt, schließlich sei die Mutter Ärztin gewesen. Und dann wird zum ersten Mal öffentlich von der Fliegerei gesprochen. Unter dem Stichwort »Willenskraft« wird Beate »Uhse« als eine Frau beschrieben, die sich von den Bedenken ihrer Eltern nicht habe abhalten lassen und ihren Traum vom Fliegen verwirklicht hat. Sie habe es sogar so weit gebracht, im Krieg als »Einfliegerin ihren Mann zu stehen«. Ein Glück, denn nur so konnte sie ja, so der Text weiter, ihr Kind kurz vor Kriegsende aus Berlin fliegen und es retten – eine wahre Heldengeschichte! Auch die *Schrift X* bekommt einen Absatz im Text, allerdings in einer völlig anderen Version als jene, die man heute überall findet. So schreibt der Werbetexter über den Ursprung der Idee zur *Schrift X*, dass vor allem »Gespräche mit einem ihr vertrauten Arzt über die sich türmenden Sorgen im Bereich von Ehe und Familie und der Zufall, der ihr ein Manuskript über Fragen der Geburtenregelung in die Hand spielte […]« den Ausschlag gegeben hätten. Weiter heißt es: »Obgleich Papier noch eine nahezu unerreichbare Kostbarkeit war, gelang es ihr dennoch, jenes Manuskript […] in bescheidener Auflage zu drucken.«

Liest man diesen Text, fragt man sich unwillkürlich, ob Beate Rotermund denn eigentlich wirklich selbst die *Schrift X* verfasst hatte, wie sie später in ihrer Autobiografie schreiben wird. Es ist ein gutes Beispiel dafür, wie zwischen den Marketingtexten und der Realität entlang der Person Beate Uhse / Rotermund langsam die klaren Linien zu verschwimmen beginnen und, wie Dirk Rotermund in einem Interview 2018 sagte, sogar so weit, dass Beate die Geschichten bald selbst glaubte. Fragt sich bloß, wie wir heute wissen sollen, was wirklich passiert ist?

Was in ihrer Marketingstrategie während der 1950er und auch Anfang der 1960er Jahre ein zentraler Topos war, ist das »Glück der Gemeinsamkeit«. Sie betont immer wieder, dass es ihr um die Rettung der Ehen ginge. Das war wichtig, denn vor allem vor Gericht musste unbedingt vermieden werden, dass der Eindruck entstehen könnte, es sei ihr nur ums Geld oder um Profit gegangen. Hätte man in ihr eine profitgierige Geschäftsfrau gesehen, wäre so manches Urteil sicherlich schlecht für sie ausgegangen. Doch sie achtete stets darauf, zu betonen, dass es *Idealismus* war, der sie antrieb. Es war bis in die 1960er Jahre hinein notwendig, immer wieder klarzustellen, dass es beinahe schon ein Beitrag zum »Gemeinwohl« der Bundesrepublik Deutschland gewesen sei, den Beate Uhse geleistet habe.

Frau Hauptmann der Luftwaffe

Ein weiterer neuer Aspekt, den der Werbetexter der öffentlichen Biografie Beate Uhses hinzufügt, ist der Aspekt der Fliegerei – auch während des Krieges. Elizabeth Heineman hat sich in ihrem Buch diesen Aspekt einmal genauer angesehen: Warum kam man in der Presseabteilung der Firma Beate Uhse zu der Überzeugung, dass dieser Teil ihrer Geschichte erzählt werden müsste? War das nicht ein Fettnäpfchen im Nachkriegsdeutschland, in der Luftwaffe gedient zu haben?

Abgesehen von der Bewertung dieses neuen Aspektes der Uhse-Story durch die Öffentlichkeit hat auch die Bewertung ihrer Vergangenheit vor Gericht eine Rolle gespielt. Elizabeth Heineman streicht heraus, dass die Juristen und Richter – vor allem in den 1950er und 1960er Jahren – alle in privilegierten Haushalten aufgewachsen waren und natürlich hatten sie auch studiert. Sie stammten aus »geordneten Verhältnissen« und waren meistens bestens im System verankert, oft schon einige Karrierestufen weit hinaufgestiegen, was in den 1950ern gleichbedeutend war mit: Sie hatten dem NS-Staat gedient.[43] Tatsächlich ist gerade in Schleswig-Holstein, wie Klaus-Detlev Godau-Schüttge durch intensive Recherchen im Bundesarchiv herausarbeiten konnte, die Entnazifizierung der Justiz komplett fehlgeschlagen.[44] Viele unverhohlen glühende Anhänger des Nationalsozialismus hatten daher vor Gericht das Sagen. Könnte das die Frage beantworten, warum

Beate Uhses PR-Abteilung sich nicht scheute, die Luftwaffen-Story als PR einzusetzen?

Bei genauer Betrachtung entsprach Beate Uhse / Rotermund immer schon dem Idealbild einer Frau im Nationalsozialismus, wie auch Elizabeth Heineman konstatiert. Im Interview gibt sie zu bedenken:

»Sie ist auf jeden Fall auf jede Weise die Art von Person gewesen, die das Regime liebte – sie war jung, fit, schön, athletisch – sie war in perfekter Übereinstimmung. […] Eine junge athletische Frau, die eine Stuntfrau sein kann und fliegen kann – diese Welt [gemeint ist die Welt des Nationalsozialismus; Anm. d. Autorin] ist für solche Frauen gemacht! Sie hatte so viele Möglichkeiten! – eine junge, ambitionierte, rassisch akzeptierte Frau.«

An Beate stimmte wirklich alles: Die Herkunft aus einer bildungsbürgerlichen Familie, die eigene gute Bildung, dass sie Fähnleinführerin in der Hitlerjugend gewesen war (wobei sie damit nicht öffentlich hausieren ging), dass man sie in einen solch aristokratischen Kreis wie den der Piloten aufgenommen hatte, ihr Dienst bei der Luftwaffe im Krieg, der erste Mann, der als Pilot der Luftwaffe im Krieg »ehrenhaft« gefallen war. Und nicht zuletzt die ganze Story der um Hilfe bittenden Frauen, die sich vertrauensvoll an Uhse / Rotermund wandten, weil sie wussten, dass ihre Mutter Ärztin war. Und dann die Ehe mit dem Sohn aus einer durchaus etablierten Flensburger Familie.[45] Am Ende steht vor Gericht stets eine Frau mit tadelloser Geschichte und Herkunft, die auch nun in »geordneten Verhältnissen« mit Mann und Kindern lebt – es ist alles perfekt! In den 1950er und 1960er Jahren war es *noch* gut, zu betonen, dass man in der Nazizeit politisch konform war – später, im Jahr 1989, muss dieser Aspekt in ihrer Autobiografie besser vernachlässigt und heruntergespielt werden.

Heineman argumentiert, dass die Gefahr des Fettnäpf-
chens (sie flog für Hitler!) kleiner war als der Gewinn einer
ganz anderen, neuen Ressource für die Firmenchefin und
damit für das ganze Unternehmen: Respektabilität.

Hinzu kommt, dass die Luftwaffe-Story in sich einfach
auch sexy ist! Eine Frau in Uniform? Eine, die Abenteuer
sucht – den Thrill und den Kick des Fliegens? Eine, die ihren
Mann steht und sich vor Risiken nicht scheut? Die weiß, was
sie will? – Es ist ein sexy Image, das damit einhergeht, und es
passt sehr gut in das sich gerade neu herausbildende Narrativ
der beginnenden 60er, in denen es immer mehr um Hedonis-
mus – um Spaß und Befreiung von alten Grenzen und Tabus
ging. Diese Wünsche und Hoffnungen lösen die 50er-Narra-
tive ab, in denen es mehr um die Erholung vom Krieg ging
und wo genau zu diesem Zweck die glückliche Ehe im Vordergrund stand. So, wie sich die gesellschaftlichen Narrative im
Laufe der Jahre und Jahrzehnte nach dem Krieg wandeln, so
wandeln sich auch die Ansprache und der Fokus in der Öffent-
lichkeitsarbeit der Firma Beate Uhse. Es ist nicht nur ein Wandel von der arischen Frau, die Kinder gebärt und sehr sportlich
ist, hin zur Verfechterin von Romanzen und glücklichen Ehen
als Heilmittel gegen die Kriegstraumata zu beobachten, sondern auch einer, im Zuge dessen sie quasi im »siebten Himmel«
fliegt, wo sie als Pilotin, für Spaß und Thrill, für Leidenschaft
und Mut einsteht. Und als dann auch noch Anfang der 1960er
Jahre endlich die Pille in Deutschland auf den Markt kommt,
verändert sich sowieso sehr vieles rasend schnell in der erotischen Kommunikation. Jetzt wird ein Verhältnis zwischen
Mann und Frau sichtbar, das Beate Rotermund bestens verkör-
pern kann, denn sie ist eine, die schon immer auf Augenhöhe
mit dem männlichen Geschlecht existierte. Ein Privileg, das
vielen Frauen schon aufgrund der Tatsache, dass sie jederzeit
schwanger werden konnten und damit in ihrer Freiheit einge-

schränkt würden, bislang verwehrt geblieben ist. Die Pille wird ein Startpunkt sein, mit dem sich dieses Ungleichgewicht über die kommenden Jahrzehnte hinweg verändert. Sie gibt Frauen ein neues Werkzeug der sexuellen Selbstbestimmung an die Hand. Elizabeth Heineman sagt:

»Die Pille selbst hat neue Formen des sexuellen Verhaltens möglich gemacht, aber es hat es auch möglicher gemacht, einfach über Sex zu schreiben. Man hat also nicht nur ein Bild von einer Frau im Bikini, um es zu verkaufen, sondern man konnte auch sagen: ›In diesem Heft: Neues über die Sexualität von Jugendlichen!‹ Und die Leute kaufen dann das Magazin, um diese Geschichte über Sexualität in der Jugend zu lesen. Die Leute wollen mehr über das Thema Sex lesen. Es gibt Kolumnen über Lust, die werden expliziter. Es ist eine Art Bildung, und gleichzeitig auch gut verkäuflich. – Ich glaube, das ist die Sexwelle.«

Kapitel 5:
Die Sexwelle reiten

Wenn man heute Historiker*innen fragt, wann sie denn eigentlich losgegangen war, die sogenannte »Sexwelle«, können sie keinen genauen Startpunkt benennen. Aber was die Sexwelle ist, das können sie beschreiben: Es ist die zunehmende Medialisierung der Sexualität. Mit anderen Worten: Das Thema Sexualität wird in den Medien immer präsenter. Und damit geht auch eine Entkrampfung des gesellschaftlichen Diskurses einher.

Schon Anfang des 20. Jahrhunderts hat es vor allem in Großstädten eine »sexuelle Avantgarde« gegeben, meistens auf die Eliten beschränkt, deren lockerer Umgang mit Sex mit dem Ende des Zweiten Weltkrieges die gesamte Gesellschaft erfasste. Als erstes davon involviert waren die Soldaten, denen man Kondome mitgab, da man davon ausging, dass sie sich in Bordellen Ausgleich zu den Kriegsbelastungen verschaffen würden. Man wollte sichergehen, dass sie sich beim Sex keine Geschlechtskrankheiten holten, und so siegte der Pragmatismus über jede Sexualmoral. Nach dem Krieg herrschte sexual- und strafrechtlich ein Vakuum.

»Deswegen gab es direkt nach dem Krieg sehr viele Nacktbilder, sehr viele Magazin-Cover«, sagt Elizabeth Heineman.

Auch in den frühen 1940er Jahren hatte es bereits sehr sexualisierte Bilder auf den Titelseiten mancher Magazine gegeben, erklärt sie. Es war möglich gewesen, Nacktbilder zu publizieren – es mussten nur die RICHTIGEN Nacktbilder sein. Sie mussten gesund aussehen, junge Frauen zeigen, die dem Idealbild der modernen deutschen Frau entsprachen. Ab Mitte der 1950er Jahre wird es gesetzlich prüde in Deutschland. Die Lücke wird geschlossen – jugendgefährdende Schriften können ab jetzt indiziert werden und dürfen nicht einfach frei im Handel vertrieben werden.

Sex vor der Ehe war zu dieser Zeit das große Tabu. Das Gesetz hatte den sogenannten »Kuppeleiparagraphen« (ein Paragraph, der vorehelichen Geschlechtsverkehr, aber auch Bordelle und Sex mit Minderjährigen verhindern sollte), die Kirchen mischten bei der Debatte um Sexualität ebenfalls kräftig mit und die Regierung Adenauer war ohnehin nicht gerade liberal eingestellt. Aber bei Beate Uhse wusste man, dass christliche Sexualmoral das eine war – aber wie die Menschen es im Privaten hielten und was sie in ihrem Liebesleben auslebten, das war eine ganz andere Geschichte! Zu sehen war diese Diskrepanz an den äußerst guten Verkaufszahlen der Firma. Man weiß heute, dass Sex vor der Ehe viel weiter verbreitet war, als viele es damals wahrhaben wollten.

Einer, der genau diese Doppelmoral aufdeckte, war Alfred Kinsey. Der US-amerikanische Sexualforscher und Professor für Zoologie an der Universität in Indiana führte eine breit angelegte Umfrage unter der Bevölkerung zu ihrem Sexualverhalten durch. Über 20 000 Amerikaner nahmen daran teil. Der sehr umfangreiche Fragenkatalog klopfte ihre sexuellen Neigungen, Wünsche und Praktiken ab. Der anhand der erhobenen Daten erstellte »Kinsey-Report«, der 1948 veröffentlicht wurde, schlug in den USA ein wie eine Bombe – und die

Druckwelle schwappte bis hierher nach Europa über. Beate Uhse zitierte Ergebnisse des Reports und profitierte ohne Zweifel von der Debatte über die große Kluft zwischen den proklamierten Idealen und den Tatsachen: 46 Prozent der Männer gaben laut Studie an, sich als Erwachsene sowohl heterosexuell als auch homosexuell betätigt oder auf Personen beiderlei Geschlechts reagiert zu haben, Masturbation war unter Männern weiter verbreitet, als die christlichen Moral-Apologeten befürchten konnten, und was besonders schockierte: Kinsey fand heraus, dass Frauen nicht nur *auch* masturbierten, sondern dass Frauen, die vor ihrer Ehe masturbiert hatten, in der Ehe später deshalb nicht weniger sexuell befriedigt wurden (wie man gemeinhin geglaubt und behauptet hatte). Im Gegenteil: Statistisch gesehen war ihre sexuelle Zufriedenheit sogar höher! – All diese Ergebnisse waren ein Schlag ins Gesicht der Moralisten.

In Deutschland erreichten Kinseys Studien reißende Absätze und klingelnde Kassen beim S. Fischer Verlag, der sie herausbrachte. 1963 erschien der Band mit Kinseys Frauenstudie und erreichte bis 1968 178 000 verkaufte Exemplare. Alfred Kinsey selbst konnte diesen großen Erfolg leider nicht mehr miterleben. Er starb 1956 und wurde bis zum Ende seines Lebens angefeindet, diffamiert und bedroht für die wichtige Arbeit, die er geleistet hat.

Plötzlich schienen sich die Sichtweisen zu drehen: War nicht der Sexualtrieb, waren nicht die Bedürfnisse völlig natürlich und »normal« und die Moral das Künstliche und im Grunde zutiefst unnatürlich?

Aus heutiger Sicht war Kinseys Studie der Anfang dessen, was man »Sexuelle Revolution« nennt und was in den späten 1960er Jahren sowohl die USA als auch Europa erfasste. Das Wissen darüber, dass die oben genannten Praktiken, wie Masturbation oder homosexuelle Neigungen, eben *nicht* abnormal, sondern durchaus weit verbreitet waren, gab den Menschen ein größeres sexuelles Selbstbewusstsein. Wenngleich anzumerken ist, dass in den USA mit dem Beginn des Kalten Krieges die Stigmatisierung Homosexueller zunächst sogar noch schlimmer wurde. Vor allem während der McCarthy-Ära (1947 bis etwa 1956) und im Rahmen der Jagd auf sogenannte Kommunisten werden sie geächtet. Es breitet sich eine regelrechte Homo-Paranoia aus und Zensur und sexuelle Repression waren an der Tagesordnung.

Freiheit der Kunst

Gleichzeitig kamen in Literatur und Filmen sexuelle Themen immer mehr in den Vordergrund. Um nur einige Wegmarken zu nennen: Vladimir Nabokovs »Lolita« kam 1959 auch auf Deutsch heraus, übersetzt bei Rowohlt. Henry Millers Roman »Wendekreis des Krebses« (1934 erschienen) wurde 1953 zum ersten Mal als deutsche Ausgabe auf den Buchmarkt gebracht, zunächst in einer kleinen Auflage von 1500 Exemplaren. 1962 erschien die zweite Ausgabe in einer überarbeiteten Übersetzung und mit einem Vorwort von Anaïs Nin. Millers Sprache ist gegen jede moralische Norm und überaus deutlich, wenn er etwa schreibt:

»Oh Tanja, wo ist jetzt deine warme Möse, diese dicken schweren Strumpfbänder, diese weichen üppigen Schenkel. In meinem Pint ist ein sechs Zoll langer Knochen. Ich will jede Falte in deiner Möse aushobeln. Samenträchtige Tanja. Dein Sylvester, ja er versteht, ein Feuer zu machen, aber ich weiß, wie man eine Möse entflammt. Ich ficke dich, Tanja, dass du gefickt bleibst!«

Miller ist einer jener Autoren, die in westlichen Nationen zum Zentrum der Debatte werden, wenn es darum geht, zu klären, was »unzüchtig« und was »jugendgefährdend« ist. »Der ›Wendekreis des Krebses‹ schlug die entscheidende Bresche in eine Mauer von Heuchelei und Prüderie«, urteilt Adelheid Wedel von Deutschlandfunk Kultur in ihrer Rezension des Audiobuches.

Ein weiterer Stein des Anstoßes wird der Film »Das Schweigen« von Ingmar Bergman. Gedreht 1962, kommt der Film über zwei sich fremd und fern gewordene Schwestern 1963 in Schweden und 1964 in Deutschland in die Kinos. Wenngleich aus heutiger Sicht der Plot des Films unproblematisch anmutet, brachten die darin enthaltenen Sexszenen vor allem die christlichen Sittenwächter auf den Plan.

Bis heute findet der Film eine breite Rezeption, doch kaum jemand spricht mehr so intensiv über die darin enthaltenen Sexszenen wie noch Mitte der 1960er. Ironischerweise arbeitet sich Bergman in seinen Filmen immer wieder an genau der protestantischen Erziehung ab, die er – als Pastorensohn – selbst erleben musste. Seine eigene Beziehung zu den Eltern war keine sonderlich gute, was vielleicht als Vorbild für das konfliktgeladene Verhältnis der beiden Schwestern im Film fungierte. Eisige Kälte herrscht zwischen ihnen, die aber immer wieder in all der Leere mit einer sexuellen Note aufgeladen wird. Im Lexikon des Internationalen Films heißt es dazu:

»Ingmar Bergman inszeniert ein Inferno der Angst, Verwirrung und Hilflosigkeit, wobei gerade das Fehlen lautstarker Katastrophen dem Film eine Aura eisiger Kälte und suggestiver Bedrohung verleiht. Die Schockwirkung einzelner Bilder und Szenenabläufe beruht weniger auf spekulativen Details, vielmehr wird die stilistische Geschlossenheit und

Strenge des Films selbst zum Ausdruck allgemeiner Existenznot und universeller Entfremdung. Das in einem gottverlassenen, artifiziellen Niemandsland angesiedelte Werk Bergmans ist eine Parabel, die in ihrer Symbolfülle Raum für unterschiedliche Deutungen gibt.«

Doch zunächst wussten viele Deutsche die »Symbolfülle« nicht zu schätzen, zu schwer wog für sie die Darstellung von Nacktheit und Sexszenen. Marcel Reich-Ranicki kritisierte den Film – und vor allem seine Zuschauer – in der *Zeit*, Spießer und Heuchler könnten nun »einen feuchten weiblichen Busen« betrachten und »sich aufgeilen« lassen, »denn man hat ihnen ja erklärt, es ginge um Gott«.[46]

Anders sah dies ausgerechnet die FSK (Freiwillige Selbstkontrolle der Filmwirtschaft). Noch im Dezember 1963 hatte sich ihr Arbeitsausschuss damit befasst, wie mit dem Film zu verfahren sei. Man entschied sich dazu, ihn ab 18 Jahren freizugeben – ohne weitere Einschnitte, was zusammen mit Schweden weltweit eine große Ausnahme darstellte. In den USA mussten strenge Schnittauflagen eingehalten werden und in Frankreich wurde der Film zunächst gleich komplett verboten. Dass die FSK den Film angesichts zweier Sexszenen und einer Masturbationsszene ungeschnitten für das Kino zuzulassen hatte, löste in ganz Deutschland eine Welle der Empörung und handfeste Proteste aus. Es gründete sich die sogenannte »Aktion Saubere Leinwand«, eine Initiative aus Schweinfurt, die sich um den CDU-Bundestagsabgeordneten Adolf Süsterhenn scharte (den Heinrich Böll als »Professor Lüsterhahn« betitelt haben soll). Gemeinsam hatte man Unterschriften gesammelt und diese dem Bundespräsidenten vorgelegt. Ziel war es, Filme wie »Das Schweigen« zukünftig in Deutschland zu verhindern – es wurde sogar eine Verfassungsänderung dafür in Erwägung gezogen. In einer Pressemitteilung gab die »Aktion Saubere

Leinwand« bekannt, 1 294 000 Unterschriften gesammelt zu haben, darunter die von 19 Bundestagsabgeordneten und von 42 Landtagsabgeordneten. Doch schon bald gab es innerhalb der Gegnerschaft des Films Uneinigkeit darüber, ob der gesamte Film oder nur die »unzüchtigen« Szenen abzulehnen seien. Auch gab es ziemlich miese Presse für die Aktion: Die bundesdeutschen Medien, selbst die eher konservativ ausgerichteten, schienen sich einig darin, dass diese Verbots- und Zensur-Bestrebungen zu weit gingen und gänzlich unmodern waren. Und nicht nur die Medien sahen die Aktion überaus kritisch: 1965 distanzierten sich sogar die Spitzen der katholischen und evangelischen Kirche von dieser Aktion.

Zur gleichen Zeit, als die FSK die Freigabe ab 18 beschlossen hatte, entschied auch die Filmbewertungsstelle Wiesbaden über eine Einschätzung und verlieh das Prädikat »besonders wertvoll«.

Wie anhand von »Das Schweigen« in Deutschland über Kunst, Film und Sexualität diskutiert wurde, war wegweisend und auch typisch für die Sexwelle, die das Land gerade überschwemmte. Nicht nur Filme – nahezu *alle* Medien und Genres wagten sich daran, diese Seite des Menschseins mitzu erzählen, anstatt sie auszuschließen. Und vieles davon kam aus dem Ausland:

»Es war dann einfach unaufhaltbar, es war jetzt nicht mehr zurückzuhalten. Das hatte eine Menge mit einer großen Veränderung in der Medienlandschaft zu tun, auch die ganzen internationalen Produktionen. Was da alles in Skandinavien passiert ist – Ingmar Bergman und andere Filme – es wurde viel importiert«, erklärt Elizabeth Heineman, wie sich diese Welle, unter anderem aus dem Norden kommend, nach Deutschland ausbreitete. Bergmans Film sollte nicht das letzte Werk gewesen sein, an dem sich die Sexualmoral der

Deutschen, quer durch alle Gesellschaftsschichten, spaltet und neu justiert.

Sorglosigkeit und kollektive Pubertät

Was die Sexwelle ermöglichte, war zum einen die relative Sorglosigkeit der Deutschen: Der Krieg war endlich vorbei, die Trümmerjahre überstanden, man hatte sich wieder etwas aufgebaut, hatte Arbeit und es gab keine flächendeckende Armut mehr. Die Mehrheit der Menschen konnte es sich also auch *erlauben* und *gönnen*, ein gesteigertes Augenmerk auf die angenehmen Dinge des Lebens zu richten und da zählt Sex nun eben dazu. Oder wie Erica Jong einmal in einem Interview sagte: »Ohne Wohlstand keine sexuelle Revolution.«[47]

Und noch etwas spielte bei der »Sexwelle« eine wesentliche Rolle: die Babyboomer. Diese Kohorte oder gesellschaftliche Generation der Nachkriegskinder, eine Generation, die in der Zeit ab Mitte der 1950er bis Mitte der 1960er Jahre in Westdeutschland geboren wurde. Alles – im Vergleich zu heute – extrem geburtenstarke Jahrgänge. All diese Menschen sind vor dem sogenannten »Pillenknick« auf die Welt gekommen. Sicher: Die tatsächlichen Rekordzahlen erreichten die Babyboomer erst in den 1960er Jahren. Zwischen 1961 und 1966 wurden jedes Jahr mehr als 1,3 Millionen Babys in Deutschland geboren. Aber auch in den 1950er Jahren, kurz bevor der Babyboom so richtig losging, lag die Zahl jedes Jahr schon bei über einer Million. Diese Kinder waren in den 1960ern alle gleichzeitig in der Pubertät! Man kann davon ausgehen, dass es eine Gesellschaft, die aufgrund des Krieges ohnehin geschrumpft war, prägt, wenn plötzlich Millionen Jugendliche gleichzeitig in die Pubertät kommen, Sex für sie nun einfach interessant wird und man wissen möchte, wie »es« geht, was da passiert und was man beachten muss. Kurz: Dass diese »pubertierende Gesellschaft« dringend auch Aufklärung braucht, steht außer Frage. Und die bekommt sie: An vorderster Front aus Illustrierten und Magazinen, die schon ab Mitte der 1950er Jahre in ihren Berichten und Artikeln, die vordergründig um Unterhaltungsthemen wie Reisen oder Mode kreisten, gerne nackte Haut zeigten. Sie hießen *Praline, Jasmin, Quick* oder *Revue* (später *Neue Revue*) und auch die *konkret* setzte auf nackte Haut – der Zeitschriftenkiosk zeigte sich von seiner wenig prüden Seite und der »Faktor Sex« erhöhte tatsächlich auch die Verkaufszahlen. Man beschäftigte sich zunehmend mit den Fragen, die das junge Publikum stellte: Was finden Frauen beim Sex gut? Welche ist die sicherste Verhütung? Wie machen es die anderen? Kurzum: Man kann und will jetzt über Sex reden und das bilden diese Magazine ab. Der *Stern* startete eine eigene Umfrage zum Liebesleben der Deutschen (»Alles über die Deutschen«); die Zeitschrift *Quick* brachte eine Serie mit dem Titel »Revolution des Sex«.

Und dann kam auch noch Oswalt Kolle – der »Aufklärer der Nation«! Ab Ende der 1960er Jahre erobern seine Filme die deutschen Schlafzimmer. Er wird zum Ratgeber, Aufklärer und viele sagen, er sei der »Befreier« der Deutschen, der »Sexversteher des Volkes«. Sein Buch »Das Wunder der Liebe« schrieb er im Jahr 1968 und im selben Jahr kam auch der gleichnamige Film in die Kinos. Wenn auch mit einigen Schwierigkeiten, denn Kolle hatte vorerst noch die Zensurbehörden der Bundesrepublik besänftigen müssen. Legendär geworden ist ein Kommentar, den man einem der Zensoren zuschreibt: »Herr Kolle, Sie wollen wohl die ganze Welt auf den Kopf stellen, jetzt soll sogar die Frau oben liegen!« Während junge Leute mehrheitlich erfreut über die neue Offenheit und Ehrlichkeit waren, gab es auch Stimmen, die Kolles Arbeit rundheraus verbieten und ihn am liebsten ins Gefängnis stecken wollten. Vergeblich, denn die Filme waren große Erfolge. Weltweit sahen sie mehr als 100 Millionen Menschen. Sex wird massentauglich – in Bildern, Filmen und Büchern. Die alte Kopplung von Sexualität und Skandalisierung, wie es in den 1950ern noch der Fall gewesen war, ist endgültig nicht mehr haltbar. Elizabeth Heineman:

»Ich glaube schon, dass das, was in den 60ern passiert ist, wirklich tiefschürfend war. Es war ein radikaler Unterschied. Man hatte vorher eine Zeit, wo Ausweitung und Einschränkung und dann wieder Ausweitung und Einschränkung sich abgewechselt haben – die Sexwelle ist eine alleinige Ausdehnung – es ist das Ende dieses Kreislaufes. Der Kreis ist jetzt einfach offen und man kriegt das auch nicht wieder zurück.«[48]

Beate Uhse profitiert natürlich davon. Diese lustvolle Befreiung, die von den 68ern in die sexuelle Revolution getrieben wird, nützt ihr enorm. Die Firma kann ihre Umsätze weiter steigern und sie geht ganz bewusst eine Kooperation mit Oswalt Kolle ein. Er schrieb für sie – u. a. Kolumnen in ihren Katalogen.

Moritz Liebeknecht, der sich mit Sexualforschung im Zeitraum 1950 bis 1970 beschäftigt und das Verhältnis von Sexualwissenschaft und öffentlichem Sexualitätsdiskurs im Fokus hat, sagt:

»Das ist deshalb interessant, weil die Sexualwissenschaftler sehr stark mit verschiedenen anderen Akteuren zusammengearbeitet haben, die da im Sexualitäts-Diskurs eine bestimmende Position hatten. Das waren eben Oswalt Kolle und auch Beate Uhse. Beate Uhse hat sich nämlich an die Sexualwissenschaftler – überwiegend Mediziner und Psychiater – gewandt und hat von diesen Gutachten eingeholt, die ihr vor Gericht helfen sollten.«

Es war also eine Win-win-Situation, die sich hierbei ergab: Die Sexualwissenschaftler konnten gewiss sein, dass sie mit Beate Uhse ein breites und auch definitiv interessiertes Publikum erreichen würden, und Beate Uhse konnte davon profitieren, dass die Sexualwissenschaftler alte Moralvorstellungen mit aktuellen Zahlen widerlegten und auf der Basis von wissenschaftlichen Erkenntnissen hinterfragten. Liebeknecht:

»Dass sie überhaupt ihre Kataloge drucken durfte, dass sie bestimmte Hilfsmittel vertreiben durfte und so weiter. Das heißt, die Sexualforscher haben Gutachten ausgestellt. Und da geht es nämlich genau darum: also um diese Beschreibung von ›was ist gesund, was ist krank, normal, pervers‹.«

Bislang hatten die Gerichte ja mit dem ziemlich nichtssagenden Begriff der »Unzucht« gearbeitet, der bei genauer Betrachtung jedoch mehr und mehr ins Wanken geriet, weil er keine klare Definition besaß. Als »Unzucht« galt vor allem das, »was normale Ehepaare nicht tun«. – Aber was war denn ein normales Ehepaar? – Hier kam die Sexualforschung ins Spiel und brachte Licht ins Dunkel. »Gesund ist alles, was sich im ehelichen Rahmen abspielt«, sagt Liebeknecht über die Sexualmoral der 1950er Jahre. Und diese alte Formel legen die Deutschen mit der Sexwelle mehr und mehr ab.

Unterstrichen wird die neue Freizügigkeit durch Kleidungsstile und Frisuren, die einen klaren Bruch mit den bisherigen Konventionen darstellen: Bei den Männern darf es jetzt auch gerne länger sein (was die Haare angeht) und bei den Frauen umso kürzer (der Minirock kommt in Mode). Beides steht symbolisch für ein neues Selbstverständnis junger Leute, oder wie Erica Jong sagt:

»Es war nicht nur die Kleidung, es waren nicht nur die Haare – es war die Einstellung, dass es okay ist, ein Mensch zu sein.«[49]

Sexueller Konsum wird enttabuisiert

Eine weitere große Veränderung während der 1960er Jahre war im Bereich des Konsumverhaltens zu beobachten. Im Unterschied zum vergangenen Jahrzehnt (mit der strengen Adenauer-Regierung, dem Volkswartbund und den Sittenhütern, die vor allem die Anbieter von Erotika und Sexutensilien ins Visier nahmen) kommen jetzt die Konsument*innen selbst in den Fokus. Während es lange Zeit vor allem Verlage, Künstler*innen und Firmenchefinnen wie Beate Uhse waren, die etwas *verkaufen* wollten und sich gegen den Vorwurf der »Unzucht« vor Gericht zu verteidigen hatten, gab es nun immer mehr Menschen, die etwas *konsumieren* wollten. Konsum spielte in der erblühenden Bundesrepublik der 60er eine zentrale Rolle: Ludwig Erhard war der Meinung gewesen, dass Konsum eine gute Übung für Demokratie sei. Weil Konsument*innen sich nämlich über Entscheidungen Gedanken machen müssen und dadurch – so Erhards Logik – werde man Wähler*in. Die Leute wussten in der Tat ziemlich gut, was sie konsumieren wollten: erotische Literatur zum Beispiel. Und so ging es plötzlich nicht mehr ausschließlich um die Frage, was ein Versandhaus wie Beate Uhse verkaufen darf, sondern viel mehr darum, was Konsument*innen konsumieren dürfen. Das frühere Bild der bösen Publizisten, die mit ihren »unzüchtigen Schriften« die Jugend gefährden und die Gesellschaft beschmutzen wollen, hat ausgedient. Jetzt wird gefragt, was die Konsument*innen wollen. Diese Wende in der Herangehensweise hat es Kritikern nun schwer gemacht vor Gericht, denn es war sehr viel schwieriger, gegen die Konsument*innen zu argumentieren, als gegen die Produzent*innen.

Mit anderen Worten: Dem sexuellen Konsum gelingt der endgültige Durchbruch – und es entstehen nach und nach Sexshops. Natürlich ist Beate Uhse hier wieder Vorreiterin. Ihr erstes Ladengeschäft wurde 1962 in Flensburg eröffnet, bald folgten weitere Geschäfte in allen großen deutschen Städten. Der Firmenchefin war es dabei besonders wichtig, dass die Shops mitten in der Fußgängerzone zu finden waren und nicht irgendwo am Stadtrand. 1969 sind es schon ganze 17 Läden bundesweit und 1971 bereits 26.

Das Urteil um Fanny Hill

Der Streit ging dennoch weiter. Immer wieder entzündete sich eine neue Debatte – stets entlang von ganz bestimmten Publikationen und Veröffentlichungen. Neben Ingmar Bergman, Alfred Kinsey und Oswalt Kolle ging es auch um einen »Klassiker« aus der englischen Literatur: »Fanny Hill« von John Cleland, der zum ersten Mal bereits im 18. Jahrhundert erschienen war. »Fanny Hill« ist die Geschichte einer Dirne, die als Waisenmädchen im Bordell gelandet war, sich dort in einen Freier verliebt und nach einigen Umwegen und vielen weiteren Geliebten von diesem »befreit« und geheiratet wird. Cleland sieht in Sex etwas Tolles, das man schätzen und nicht verbannen sollte, selbst wenn er in Gestalt von Prostitution daherkommt – eine solche Sichtweise war natürlich skandalös. Er hatte das kleine Büchlein übrigens im Gefängnis geschrieben und damit solch einen Aufruhr ausgelöst, dass er direkt nach seiner Freilassung wieder unter Arrest gestellt wurde. Man könnte sagen: Der Roman hat von Anfang an Leute in Schwierigkeiten gebracht. In Deutschland kam das Buch zum ersten Mal 1906 auf den Markt, zuerst wurde es erlaubt, dann doch wieder verboten. Gegen Ende der 50er Jahre erwischte es zuerst mehrere kleinere Verleger, gegen die Strafverfahren eingeleitet wurden, und dann ziemlich prominent den Münchner Verleger Desch. Er kam zwar nicht ins Gefängnis, aber seine »Luxusausgabe« des Büchleins von 1964 auf den Index. Seine größte Abnehmerin in Deutschland war Beate Uhse. Verleger Desch ging gegen die Indexierung vor Gericht – jedoch zunächst ohne Erfolg. Erst am 22. Juli 1969 entschied der Bundesgerichtshof in Karlsruhe, »dass Fanny Hill zwar ein Werk der erotischen Literatur, aber keine unzüchtige Schrift sei«. Ein riesiger Durchbruch – nicht nur für Desch, sondern für die gesamte Erotikbranche. Und die frühere Indizierung erweist sich zudem als beste Werbung überhaupt – die Nachfrage nach dem Buch war in Deutschland immens. Auch Beate Uhse hatte verschiedene weitere Ausgaben der »Memoiren eines Freudenmädchens«, wie der Untertitel der deutschen Ausgabe lautete, im Angebot gehabt. Man hatte einfach alle verfügbaren Ausgaben dieses Werkes besorgt.

Doch auch wegen anderer Schriften, die von der Firma vertrieben wurden, stand Beate Uhse vor Gericht, darunter die Publikation »Sexuelle Technik in Wort und Bild«. Zu Hilfe kamen – wieder einmal – die Medien: Die *FAZ* berichtete, die *Süddeutsche Zeitung* (»Beate in Nöten«) und die *ZEIT* mischten ebenso mit (»Immer diese Klassiker«). Die Presseabteilung der Firma nutzte den Fall, um allen großen Tageszeitungen ihre eigene Geschichte zu Fanny Hill, zu der Freiheit der Kunst und der Prüderie der bundesdeutschen Ankläger und Gerichte zu erzählen. Man führte den Kampf für die Freiheit und gegen die alten Tabus jetzt ganz gezielt und geschickt über die großen deutschen Medien. *Süddeutsche, Spiegel, ZEIT, FAZ* und Co sind sich schnell einig: Es ist Kunst, es ist Literatur und wer es verbieten will, der macht sich bloß lächerlich.

Auch stand Fanny Hill mehr oder weniger für eine Grundsatzentscheidung über den weiteren Umgang mit erotisch aufgeladener Literatur. Ab jetzt wurde es auch für viele andere »Klassiker« einfacher, Verbreitung in Deutschland zu finden. Schon 1959 hatte es im Verfahren um den Rowohlt-Verlag, der den Roman »Lady Chatterley« von D. H. Lawrence in deutscher Übersetzung verlegt hatte, Aufruhr und Stress mit dem Volkswartbund gegeben (siehe Kapitel 3). Und auch »Wendekreis des Krebses« von Henry Miller war eine Zeit lang auf dem Index gewesen, ehe der Roman im Jahr 1962 frei verkäuflich auf den Markt kam. »Fanny Hill« bildete damit gewissermaßen einen Abschluss im Ringen um das Sag- und Schreibbare in Sachen Sex und Erotik im Deutschland der ersten beiden Nachkriegsjahrzehnte.

Und noch etwas veränderte sich mit dem Urteil zu Fanny Hill:

»Durch Fanny Hill wurde aus der Sexwelle die Pornowelle«, sagt Elizabeth Heineman.

Vor Gericht die Sexwelle reiten

Auch für Beate Uhse geht es vor Gericht fröhlich weiter. Doch sie ist dank der Sexwelle und der vielen Mitstreiter auf dem Markt des Erotik-Versandhandels nicht ganz alleine. Noch etwas kommt ihr zugute: Der Wind scheint sich langsam zu drehen. 1969 wird sie vor Gericht freigesprochen – in zweiter Instanz, nachdem das örtliche Schöffengericht in Flensburg sie zuerst wegen eines Vergehens nach Paragraph 184 StGB wegen »Anpreisung zu unzüchtigem Gebrauche bestimmter Gegenstände« schuldig gesprochen und zu 6000 Mark Strafe verurteilt hatte. Die 1. Große Strafkammer des Flensburger Landgerichtes hielt dagegen,»dass der Begriff unzüchtig in den letzten Jahren eine Wandlung durchgemacht hat«. In dieser Causa ging es um spezielle Präservative, die – über die bloße Verhütungsfunktion hinaus – Frauen beim Geschlechtsverkehr auch stimulieren sollten, etwas, das noch 1962 in einem Urteil des Bundesgerichtshofes als »unnatürliche Aufpeitschung geschlechtlicher Reize« angesehen wurde. Sieben Jahre später erklärt hingegen der Gutachter vor Gericht solche Ansichten für »mittelalterlich«, denn der Orgasmus der Frau sei sogar »medizinisch wünschenswert« – hurra! Landgerichtsdirektor Dr. Harald Stoehr, damals 43 Jahre alt, lässt keinen Zweifel: »Der Orgasmus der Frau ist als natürlich anzusehen.«

Sexualwissenschaftler sagten im Grunde ganz gerne vor Gericht für Angeklagte wie Beate Rotermund aus, da sie meistens der Ansicht waren, dass die überstrenge Sitten- und Unzucht-Gesetzgebung der Bundesrepublik der sexuellen Gesundheit der Menschen nur schadete. Es gab viele Ziele, die sie mit der Erotikbranche zusammenschweißte, zum Beispiel, dass die Sexindustrie viele – dem Fortschritt dienliche Studien – auf dem Gebiet der Sexuologie bezahlte. Einer jener Fürsprecher war der Forscher Wilhelm Hallermann aus Kiel gewesen, Direktor des Instituts für Rechts- und Sozialmedizin. Er sagte vor Gericht aus, dass 30 bis 40 Prozent aller Frauen beim Geschlechtsakt keinen Orgasmus bekommen würden und dass die Tropfen, die Beate Uhse im Angebot habe und die dazu beitragen, den Geschlechtsakt zu verlängern, hierfür dienlich sein könnten. Schon war das Verfahren gewonnen – und nebenbei etabliert, dass der weibliche Orgasmus beim typischen »Normalarbeitersex« eine Seltenheit war.

Was für Beate super lief, ließ den früheren Mitbewerber Walter Schäfer kapitulieren. Immer wieder landete auch er vor Gericht und obwohl das Geschäft mit der Erotik auch für ihn sehr gut lief (1960 hatte sein »Gisela«-Versandhaus noch zwischen 30 und 40 Prozent aller in Deutschland gelieferten Kondome verschickt), strich er irgendwann die Segel, da seine Einschätzung war, dass die ganze Sache mehr Mühe machte, als sie ihm einbrachte. In der Tat: Die 1960er Jahre hätten in Deutschland für die Erotik-Versandhäuser auch einen großen Backlash bedeuten können, dass die Sexwelle gewinnen würde, war nicht von vornherein klar.

Immer wieder wird Beate Uhse dabei mitwirken, dass alte Tabus gebrochen werden. Ein weiteres Beispiel ist der Vertrieb des Bildbandes »Lesbische Liebe im Luftschloss« – sofort gab es eine Anklage wegen Unzucht. Doch auch hier wird sie freigesprochen – und damit erringt Beate Uhse nicht nur einen Erfolg für sich selbst als Firma und für den Vertrieb eines Buches, sondern sie erwirkt auch einen wichtigen Schritt in Richtung Gleichstellung, Anerkennung und gesellschaftlicher Akzeptanz gleichgeschlechtlicher Liebe und Sexualität in ganz Deutschland.

Doch wer jetzt denkt, es sei Beate Uhse eine Sekunde lang darum gegangen, Homosexualität zu entstigmatisieren, der irrt. In einer Pressemitteilung wird deutlich: Es geht jetzt ums Geschäft. Für Beate Uhse hat es sich gelohnt, die Sexwelle zu reiten: Im Jahr 1965 betrug der Geschäftsumsatz bereits 10 Millionen Mark; ein Jahr später 18 Millionen und 1969 ganze 35 Millionen. Eine Expansion ins Ausland steht an: Amsterdam, Wien und London bekommen Niederlassungen. Beate

Uhse testet, wie weit sie gehen kann, denn finanziell hat sich eine Expansion bisher fast jedes Mal mehr als gelohnt. Vor Gericht, in den Medien und als etablierte Marke im Bereich des sexuellen Konsums war die »Sexwelle« für Beate Uhse enorm ertragreich. Und für die Bundesbürger? – Sie profitierten davon, dass sich die Ansicht durchsetzt, dass der Staat in ihren Betten nichts zu suchen hat. In Bezug auf die Sexualität wurden komplett neue Maßstäbe gesetzt und der Terminus »Schmutz und Schund« verschwindet komplett. Hier und da gibt es ein letztes Aufbäumen gegen diese Entwicklung: Der Band »Sex zu viert«, den Beate Uhse im Sortiment hat, wird 1971 von der Staatsanwaltschaft in Flensburg wegen Unzucht beschlagnahmt. Doch vieles hat sich inzwischen geändert. Und so lautet das Urteil des BGH: »In der gesamten Darstellung wird die Sinnenfreude stark herausgehoben, die Sexualität bei alledem aber in den Bereich der allgemeinen Lebensfreude einbezogen.« Kurzum: Der Sinneswandel kommt auch in den Gerichten an. – Für Beate Uhse kann das nur Gutes bedeuten.

Kapitel 6:
Beate zwischen Rotermund und Uhse – zwischen Familie und Firma

Die neue Familie, die sie mit Ernst-Walter (kurz: Ewe) Rotermund gründete, startete für Beate mit einigen Turbulenzen. Nach dem Krieg war Ewe in russischer Kriegsgefangenschaft gewesen. Er kam zurück, doch seine damalige Frau hatte inzwischen einen anderen und ließ sich von ihm scheiden. »Mit ein paar Tricks und durch ein paar Meineide«, so erzählt es sein Sohn Dirk Rotermund heute, schaffte Ewe es, das Sorgerecht für die beiden gemeinsamen Kinder Dirk und Bärbel zu erwirken.

Dirk Rotermund erinnert sich:

»Seit meinem dritten Lebensjahr kenne ich Beate. Ich lebte mit ihr erst in Braderup und später im Marienkirchhof in Flensburg.«

Zum allerersten Mal begegneten sich Ewe und Beate 1948 auf Sylt. Beate war mit ihrem kleinen Sohn Klaus am FKK-Strand und zwischen ihr und Ewe funkte es sofort. Ewe und Beate zogen schnell zusammen und betreuten gemeinsam ihre nunmehr drei Kinder. Zusammen eine Familie zu sein, diese Vorstellung war für Beate nach all den Verlusten und Schwierigkeiten, die sie genau wie Millionen andere Frauen in der Nachkriegszeit zu meistern hatte, ein Herzenswunsch. Zu dieser Zeit war die politische Situation in Deutschland allerdings immer noch recht instabil. Ewe glaubte an keine deutsche Zukunft mehr und hatte vor einer neuerlichen russischen Gefangenschaft solch panische Angst, dass er beschloss, auszuwandern. Er war überzeugt, dass es ihm mit Beate und den Kindern in Argentinien besser gehen würde. Ein Mitspracherecht für Beate gab es in dieser Sache nicht. Im September 1948 stach er deshalb mit neun anderen Auswanderungswilligen von Flensburg aus illegal in See.[50] Mindestens ein Jahr wollten die Männer in Südamerika bleiben und dann ihre Liebsten nachholen.

Ewe und Beate waren zu diesem Zeitpunkt noch nicht verheiratet und was noch viel schlimmer für die Daheimgebliebene war: Bei Beate hatte die von ihr selbst propagierte Knaus-Ogino-Methode versagt.[51] Ewe war bereits in weiter Ferne, als Beate feststellte, dass sie schwanger war. Nun war sie also mit der Tatsache konfrontiert, alleine für drei Kinder und bald sogar zusätzlich noch für ein Baby sorgen zu müssen.

Aber was sie schon aus den Zeiten als Hauptmann kannte, setzte sie auch hier fort: Sie leistete sich ein Kindermädchen. Dirk Rotermund erinnert sich, dass Helga, so hieß das Kindermädchen, schon in seinem Leben war, als er gerade vier oder fünf Jahre alt war. Anders wäre es auch nur schwer möglich gewesen, dass Beate ganz alleine ihr Versandgeschäft aufbaute, das Ende 1948 schon ziemlich gut lief (siehe Kapitel 3)! Im Mai 1949 kam dann ihr Sohn Ulrich Rotermund auf die Welt. Ewe war zu dem Zeitpunkt noch immer nicht zurück, aber immerhin die gute Nachricht: Er hatte selbst herausgefunden, dass die Idee mit dem Auswandern vielleicht eine Schnapsidee war. In einem Brief, den Beate in ihrer Autobiografie anführt, schrieb er ihr, dass es für die Kinder in Argentinien sicherlich ganz toll wäre – aber nicht für ihn und für Beate. Sie würden auf der anderen Seite des Atlantiks sicher nicht glücklich werden und deswegen werde er zurückkommen.

In der Zwischenzeit hatte Dirks und Bärbels leibliche Mutter jedoch die Chance genutzt, die Obsorge für ihre Kinder wieder zu bekommen, denn ein Gericht sah es als für das Kindeswohl unzureichend an, dass sie bei einer verwitweten Frau lebten, die keinen Mann an ihrer Seite hatte. So trug Ewe selbst dazu bei, die Kinder, die er zuerst mit Tricks und Lügen zugesprochen bekommen hatte, wieder zu verlieren.

Dass Ewe wieder da ist, das ist für die kleine Firma ein Segen, denn er als Hersteller und Verkäufer von »Ewisin«-Haarmittel ist ja der eigentliche Experte fürs Versandgeschäft. Er gibt Beate wichtige Ratschläge und unterstützt sie dabei, den Versand zu bewältigen. Bald müssen sie zusätzlich zu ihrer kleinen Wohnung einen Kellerraum mieten, in dem Beate vormittags alle Bestellungen sortiert, die Artikel verpackt und versandfertig macht, während Ewe die Kinder hütet und den Haushalt schmeißt. Eingehende Bestellungen kommen an das von den beiden eigens dafür gemietete, diskrete Schließfach 185 – am Anfang sind es nur wenige, Beate spricht in ihrer Autobiografie von etwa einem Dutzend pro Tag. Noch ist nicht absehbar, dass aus dem kleinen Familienbetrieb einmal ein millionenschweres Seximperium werden wird. Sie verpackt Präservative und Sexliteratur und schreibt sogar zu einigen Bestellungen – je nachdem, was der Absender vermerkt hatte – einen persönlichen Brief, um die Kunden an sich zu binden.

Sie will wachsen, deswegen werden die Adressen potenzieller Kund*innen aus öffentlichen Telefonbüchern abgeschrieben. Und weil das sehr viel Mühe ist, stellt Beate relativ früh die zweite Mitarbeiterin ein: eine Adressen-Schreiberin. Der erste Mitarbeiter war ein Packer. Später kamen eine »Korrespondenzdame« und ein gewisser Dr. Rath hinzu, beide unterstützten Beate dabei, bestimmte Briefe zu beantworten. Man kann sich vorstellen: Für so viele Leute wurde es im Keller irgendwann eng, deswegen mieteten Ewe und Beate in der Nicolaistraße 10 in Flensburg einen Büroraum und am 22. Februar 1951 wurde dann auch »Beate Uhse« als Firma im Handelsregister Flensburg eingetragen. 1952 wurde es dann auch in der Nicolaistraße zu eng und die ganze Truppe zog in drei neue Räume in der Wilhelmstraße um. Am Ende des Jahres 1953 standen bereits 14 Mitarbeiter*innen auf der Gehaltsliste von der Firma »Beate Uhse«, deren Chefin nach der Hochzeit nunmehr Beate Rotermund hieß. Ehe und Firma – beides lief gut und Beate konnte mit Ewe Hand in Hand daran arbeiten, eine gemeinsame Zukunft für ihre Familie aufzubauen. So schrieb sie:

»Die Arbeitsteilung mit Ewe funktionierte, unsere Ehe auch. Kein Wunder, dass ich damals über die ›körperliche Liebe‹ jubeln konnte.«[52]

Sicher: Auch die ersten Expansionsprobleme kamen auf – nicht zuletzt wegen der vielen Gerichtsverfahren und Anzeigen, zumal eine Menge Leute im prüden 50er-Jahre-Deutschland eine wie Beate am liebsten einsperren wollten.

»Aber die Euphorie über die ersten Erfolge überwog. Das lag vor allem an meinem guten, intakten Familienleben.«[53]

Im Mai 1959 kommt dann auch Dirk endgültig zurück in die Familie. Der neue Mann seiner Mutter sollte für die UNO nach Mogadishu, doch Dirk musste noch zur Schule, sodass nur seine Mutter samt Schwester Bärbel, die nicht mehr in

98

die Schule ging, dem Mann nachreiste. Dirk ging nach Flensburg zu Ewe und Beate.

FKK als Hobby, Sex als Geschäft

Das junge Ehepaar verband auch gemeinsame Interessen und Weltanschauungen: Sie hatten sich am FKK-Strand auf Sylt kennengelernt und die Freikörperkultur blieb auch noch lange nach 1947 Ewes und Beates Hobby. Schon als Kind hatte Beate in der Ostsee lieber nackt gebadet.

An den Wochenenden war der Nacktbadestrand auf Sylt ein häufiger Rückzugs- und Erholungsort für sie geworden. Da es von Flensburg aus nicht weit nach Dänemark ist, entdeckten sie dort bald eine schöne kleine Insel mit langem Strand: Rømø – der Zeltplatz war praktischerweise auch ganz nah am FKK-Gelände. Zahlreiche Fotos und Postkarten aus der Zeit sind im Beate-Uhse-Archiv in Hamburg zu finden. Beate hat sich nie geniert, sich nackt oder sehr freizügig abbilden zu lassen. Die Postkarten aus Montalivet in Frankreich, das bald in den Sommerferien zu einem Lieblings-Urlaubsziel der Familie Rotermund wurde, wenn auch Dirk und Bärbel Rotermund zu Besuch bei Beate und Ewe waren, sehen heute urkomisch aus. Montalivet ist – laut Wikipedia – bis heute ein »Zentrum des französischen und internationalen FKK-Tourismus« und wunderschön an der französischen Côte d'Argent gelegen. Damals hatte man zum nackten Körper, zumindest in einer so aufgeschlossenen Familie, wie es die Rotermunds waren, ein viel normaleres und weniger komplexbehaftetes Verhältnis. Es war aber eben auch ein politisches Unterfangen, demonstrativ nackt zu urlauben. Und ein erzieherisches:

»Unsere Kinder sollten nicht verklemmt, sondern freizügig aufwachsen.«

Dieses Ziel scheint vernünftig angesichts der nicht zu ignorierenden Tatsache, dass beide Eltern im Erotikhandel ihr Geld verdienten. Gleichzeitig musste aber auch darauf geachtet werden, dass die Kinder sich durch ihre eigene Sozialisation und freizügige Erziehung nicht zu Außenseitern in der Schule machten.

»Unsere Kinder durften auf keinen Fall ihr Wissen um die Sexualität ausplaudern.«[54]

Der Balanceakt, ihnen beizubringen, dass Sexualität und Nacktheit etwas ganz Natürliches war, das aber gleichzeitig sehr viele Menschen aus der Fassung brachte oder gar aggressiv machen konnte, gelang nach Beates eigener Erinnerung aber meistens ziemlich gut. Natürlich war vor den Mitschüler*innen der Kinder nicht für alle Ewigkeit zu verbergen, dass die berühmte »Beate Uhse«, die in Flensburg allein durch die Prozesse und zunehmende Berichterstattung in den Medien immer bekannter wurde, die eigene Mutter war. In ihrer Autobiografie schreibt Beate, dass die Mitschüler*innen bettelten, aber ihre Söhne Ulrich und Dirk nicht bereit gewesen seien, sie mit Schmuggelware aus dem Hause Beate Uhse zu versorgen. Dirk Rotermunds Erinnerung weicht von dieser Darstellung ab:

»Bei Beate & Ewe lag zuhause ›nichts‹ rum. Und etwas in der Firma zu ›klauen‹, um es dann zu verschenken, war zumindest für mich damals nicht denkbar. Ulli kam mit zehn oder elf Jahren auf das Waldorf-Internat in Rendsburg. Ich bin auch nicht von Mitschülern angebettelt worden. Der Uhse-Versand verkaufte damals zu 90% Kondome, dazu als Randsortiment ein paar Bücher, Pessare, Cremes, Wäsche und Dildos.«

So spannend war das Sortiment für die Schüler*innen also vielleicht gar nicht.

In ihrer autobiografischen Rückschau betont Beate Rotermund immer wieder, wie einfach sie und ihre Familie lebten, als sie das große Geschäft, das die Marke »Beate Uhse« einmal werden sollte, aufbauten. Dazu gehörten ihre Familienurlaube, die sie auf Campingplätzen und FKK-Stränden verbrachten. Aber auch im Alltag lebten die Rotermunds die ersten Jahre auf schmalem Fuß: Zunächst noch in der kleinen Wohnung im Pastorat, wobei sie ihr Leben in den Sommermonaten nach Glücksburg ans Wasser verlegten, dort wo heute der Yachthafen ist. Von Mai bis September wurde einfach dort gezeltet. Ewe und Beate fuhren dann zwar auch in die Firma, kamen am Nachmittag aber wieder zurück zum Zeltplatz, um Zeit mit ihren Kindern zu verbringen. Und auch später, als Beate und Ewe sich in Glücksburg ein eigenes kleines Häuschen kaufen konnten, wurde draußen geschlafen. Auch, weil im kleinen Häuschen einfach zu wenig Platz war, bis man irgendwann endlich das sogenannte »Kinderhaus« auf der anderen Seite der Straße dazukaufen konnte und alle ein Dach über dem Kopf hatten. Aber für die Kinder war das Schlafen in den Zelten kein großes Problem: »Wenn man einmal im Mumienschlafsack drin ist, kann da ruhig fünf Grad minus sein – das stört nicht, wenn man einmal warm geworden ist.«

Und das war auch ganz gut für die Gesundheit – Dirk Rotermund erinnert sich: »Ja, wir waren alle topfit!«

Ewes »Macken«

Natürlichkeit und Unverklemmtheit, den Körper auch in seiner Nacktheit entspannt zu akzeptieren – wer im Sexgeschäft arbeitet, kommt darum vermutlich nicht herum. Umso erstaunlicher, dass ausgerechnet Beate, die so naturverbunden war und immer betonte, sie wolle »das Menschliche menschlich und das Natürliche natürlich« sehen und behandeln, später nicht mit dem Alterungsprozess ihres Körpers zurechtkam. Sie hatte stets ihre Figur im Auge und eine ganz bestimmte Vorstellung davon, wie diese zu sein hatte (Minirock-tauglich, denn das war eines ihrer Lieblings-Kleidungsstücke). Und weil der Zahn der Zeit auch an sportlichen Menschen nagt, half sie auch immer wieder nach, etwa durch ein Lifting.

Aber auch in Sachen Ernährung achtete Familie Rotermund strengstens auf gesundes Essen. Denn – wie Sohn Dirk heute bestätigen kann – Ewe hatte eine Art Hypochondrie, die sich vor allem darin äußerte, dass er glaubte, allerstrengstens auf seine Gesundheit achten zu müssen. Dazu gehörte zum Beispiel das Essen. Gegessen wurde strikt nach der sogenannten »Waerland-Kost«, eine vegetarische Ernährungsform, die nach dem schwedischen Ernährungsforscher Are Waerland benannt ist und auf Rohkost und einem von Waerland selbst erfundenen Getreidebrei namens »Kruska« basiert. Gemäß Waerlands Ideologie wohnt ein gesunder Geist nicht nur in einem gesunden Körper, sondern die Gesundheit selbst ist vor allem durch das bestimmt, was wir essen. »Waerländer« lehnen die biologische Erkenntnis, dass der Mensch ein Allesfresser sei, ab. Und um an der Stelle noch ein wenig ins Detail zu gehen: Sie glaubten, dass die Verdauung der Menschenaffen, die nur pflanzliche Frischkost zu sich nehmen und mehrmals täglich breiförmig koten, die ideale Stoffwechselform für alle sei. Heute ordnen Mediziner*innen diese Art der Verdauung als »Durchfall« ein und sie sind sich auch sehr einig, dass mehrmaliges Koten für den Menschen nicht in besonderem Maße gesundheitsförderlich ist. Ein echter Waerländer jedoch glaubte fest daran, dass die »normale« Ernährungsweise der anderen Menschen direkt zu Krebserkrankungen führt. Schuld daran sei vor allem die sogenannte »Übersäuerung« des Körpers und dass Fisch, Fleisch und Eier im Darm schimmeln und »Versäuerungsgifte« produzieren würden. Eine Vorstellung, die bis heute viele Menschen teilen, wenn sie davon sprechen, sich »entgiften« oder, modern ausgedrückt, »detoxen« zu müssen. Ewe war felsenfest davon überzeugt.

»Sonderbar, aber wahr: Zehn, zwölf Jahre lang lebte die ganze Familie mit den heranwachsenden Kindern nach Waerland.«[55]

Sonderbar und vielleicht nicht ganz so gesund, denn bei einer sehr strengen Waerland-Ernährung ist die Zufuhr von Iod, Eisen und Calcium oft unzureichend.

Dirk Rotermund kann sich an die Waerland-Zeit auch noch erinnern:

»Vor 1959 führte Ewe die Waerland-Kost in der Familie ein. Als zweites Standbein wurde auch eine Reformhauskette gegründet, dazu ein Reformversand ›Versandhaus Sonne‹ (den Namen fand Ulli). Das Glückstadter Reformhaus führte Helga [das Kindermädchen; Anm. der Autorin], wo Ewe regelmäßig nach dem ›Rechten‹ sah. Und es gab ein weiteres Reformhaus in Flensburg.«

Ewes Gesundheitsspleen ist bis heute ein Running Gag in der Familie und im Bekanntenkreis. Wen man auch fragt, jeder hat eine kleine Ewe-Anekdote parat. Auch Beate hat einige davon aufgeschrieben. Ewe war beispielsweise davon überzeugt, dass er nur bis zum Alter von 40 Jahren arbeiten dürfe, weil es sonst so schlimm für seine Gesundheit wäre, dass er sogar sterben könnte. Damit machte er Ernst: Als er die 40 Jahre überschritten hatte, stieg er aus der Firma aus und zog sich zurück. Das war laut Dirk Rotermund etwa 1967/1968. Ewe war verschroben: Nicht nur der Tick mit seiner Gesundheit, auch seine mangelnde Impulskontrolle wird immer wie-

der eine Belastung – gerade auch in der Firma. Mitarbeiter von Beate Uhse können sich erinnern, wie er aus Wut über bestimmte Mitarbeiter immer wieder anordnete, dass deren Schreibtische »verbannt« und sie woanders, teils im Keller, arbeiten sollten. Dirk Rotermund erinnert sich:
»Mit 15 kam ich im Mai 1959 wieder nach Flensburg. Wir lebten ein halbes Jahr noch im Marienkirchhof, dann im Haus am Rüder See [Glücksburg; Anm. der Autorin]. Seit August 1959 machte ich eine Art Lehre bei Beate. Viele Wochenenden stellten Klaus und ich Schreibtische um, treppauf, treppab, nach den teils unsinnigen Anweisungen von Ewe.«
Auch Beate beschreibt Ewe als schwierigen Geschäftspartner.
»Seine Menschenführung war immer ungeschickt gewesen. Weil er zu wenig Zivilcourage besaß, Mitarbeitern, die Mist gebaut hatten, dies auch zu sagen, um künftigen Fehlern vorzubeugen. Ewe sagte nichts. Er korrigierte Fehler selbst und strafte Fehlverhalten dadurch, dass er die Schreibtische der Betroffenen in irgendeine entfernte Ecke stellte. Diese Degradierungen erklärte er nicht mal. Das überließ er mir.«
Als Ewe dann tatsächlich mit 40 aussteigt, wird das Klima in der Firma erheblich besser.

Alle müssen ran

Familie und Geschäft waren bei Rotermunds von Anfang an miteinander verwoben und vermischt. Auch als später mehr Personal in der Firma angestellt wurde, ging der persönliche Einsatz – insbesondere Beates – nicht zurück. Im Jahr

1957, ein knappes Jahrzehnt nach der *Schrift X*, belieferte »Beate Uhse« schon einen Kundenstamm von über 200 000 Menschen. Doch das kam nicht von ungefähr. Diese Kunden wurden allesamt auf gut Glück angeschrieben, immer wieder gab es Beschwerden wegen unverlangt eingesandter Werbung. Beim Versenden selbst drehte Beate auch jeden Pfennig um: Sie fand heraus, dass ein Fernbrief ganze 20 Pfennig kostet – ein Ortsbrief aber nur 10. Pfiffig, wie sie war, errechnete sie sich, dass sie Geld sparen konnte, wenn sie mit dem Auto in die Ortschaften fuhr und die Briefe in die dortigen Briefkästen warf. Ab 1000 Adressen fuhr sie persönlich die Orte an und warf ihre riesige Fracht ab. Und in den Ferien packte sie zusätzlich einfach die Kinder mit ins Auto. Drei bis vier Tage war Beate auf diesen Rundfahrten unterwegs – eine Menge Arbeit für eine Ersparnis von 10 Pfennig pro Brief.

Auch in einer etwas brenzligen Situation musste die ganze Familie ran: Es war Ende der 1950er Jahre, Dirk war gerade frisch in die Familie zurückgekehrt und eigentlich sollten knapp 300 000 Kataloge verschickt werden. Doch der Staatsanwalt machte einen Strich durch diese Rechnung, denn er hielt die Broschüren wieder einmal für einen Verstoß gegen die geltenden Sittengesetze (vgl. Kapitel 3). Um zu verhindern, dass die Sendungen die Firma verlassen konnten, ließ er die komplette Lagerhalle versiegeln, in der diese bereitlagen. Durch Zufall und ein nicht ganz eindeutig geklärtes Hin und Her in Rechtsfragen stellte sich heraus, dass die Ware eigentlich frei war – aber ein Siegel darf nicht aufgebrochen werden. Kurzum trommelte man die gesamte Familie zusammen, denn falls es großen Ärger wegen Siegelbruchs geben sollte, dann wären nur Familienmitglieder der Rotermunds vor Gericht mit dem Privileg ausgestattet gewesen, die Aussage zu verweigern. In einer Nacht-und-Nebel-Aktion kamen zwei Schwäger Beates mit einem Laster, die 280 000 Sendungen wurden gemeinsam mithilfe der Kinder verladen und in den frühen Morgenstunden zum Hamburger Postamt gefahren. Ein Abenteuer, an das Dirk Rotermund sich bis heute erinnert:

»Als die Polizei mit 70 Mann Uhse umstellte – an jedem Arbeitsplatz stand jemand und dann wurden die ganzen Werbesendungen beschlagnahmt! Da stand das Überleben der Firma auf dem Spiel. Beate war hinterher in U-Haft wegen Verdunklungsgefahr – eine Woche. Und dann ist die ganze Familie morgens um 3 Uhr nach Flensburg gefahren – es war ein später Maitag. Ganz still war's in Flensburg, blauer Himmel und dann hörten wir das Brummen von einem großen Lastwagen, der sich immer mehr näherte. Beate brach die Siegel auf und dann haben wir bis morgens um 6:30 Uhr mit Sackkarren geschoben. Und Ulli musste mit seinen 9 Jahren mitschieben!«

Für Beate ist die Firma wie ein Kind – nur, dass sie eigentlich sogar besser ist, als echte, lebendige Familienmitglieder je sein können.

»Eine Firma ist unglaublich dankbar. Sie enttäuscht dich nie.«

Eine Aussage, die für Beates Leben zentral werden sollte.

Lieblingskind Ulli

Die Kinder Klaus Uhse, Dirk und Ulli Rotermund sind von Anfang an auch mit in der Firma eingebunden. Sie sehen, wie die eigene Mutter (oder eben im Falle von Dirk: wie die Stiefmutter) ihren Erfolg immer weiter vergrößern kann – bald sogar Umsätze in Millionenhöhe erzielt. Es war naheliegend, dass die Jungs bei entsprechendem Interesse auch in die Firma einsteigen sollten. Klaus und Dirk waren fünf und sechs Jahre älter als Ulrich – sie würden zuerst in den Genuss kommen, für »Beate Uhse« arbeiten zu dürfen. Und genau das war dem Jüngsten ein Dorn im Auge – er war regelrecht eifersüchtig, denn, so seine Vermutung, den beiden ist damit ein Vorsprung gegeben, der unfair ihm gegenüber sei.

»Wenn ich einmal groß bin, haben Klaus und Dirk schon ihre Million in unserem Geschäft gemacht und für mich ist keine mehr übrig«[56], so lautete, wie sie in ihrer Autobiografie anmerkt, die Klage ihres von Anfang an sehr ambitionierten Kindes. Vor lauter Eifersucht auf die beiden anderen sei er sogar schlechter in der Schule geworden. Interessant ist vor allem, wie Beate als Mutter auf diese »Sorgen« des damals gerade 11-Jährigen reagierte:

»Eine Million kannst du immer verdienen. Das Geld liegt auf der Straße, man muss sich nur bücken.«[57]

Anstatt ihn zu ermahnen, nicht gierig oder größenwahnsinnig zu werden, wie viele andere Eltern es im Falle eines solchen Verhaltens wohl tun würden, unterstützt sie damit sogar Ullis Anspruchshaltung. Und die war genährt von den Geschichten der Reichen und Erfolgreichen, die ihn besonders interessierten.

»Mein Jüngster«, so schreibt Beate, »wuchs zu einem ›was-kostet-die-Welt-schneide-mir-für-zehn-Pfennige-ab‹-Sohn heran«[58], eine Haltung, die Beate nicht etwa bedenkenswert findet. Nein – sie unterstützt ihn darin. Und ob bewusst oder unbewusst, Ulli soll auch seinen Willen in der Frage des vermeintlichen »Vorsprungs«, den seine beiden älteren Brüder Klaus und Dirk haben, bekommen. Beate lässt die beiden nicht sofort nach deren Abschluss in der Firma einsteigen, sondern argumentiert, dass sie erst »ihren Horizont erweitern« sollen. Man schickte zuerst Klaus und später auch Dirk auf Sprachreisen und Führungsseminare nach Frankreich und in die ganze Welt. Erst danach wird Klaus als erster der Söhne in der Firma als Assistent angestellt. Ulli sollen diese »Horizonterweiterungen« später erspart bleiben – so früh wie irgendwie möglich will er bei Beate Uhse mitmischen. Und er darf. Auch wenn Beate selbst betont, sie habe immer Wert darauf gelegt, dass die Kinder nicht verwöhnt werden sollten – bei Ulli drückt sie jedes Mal ein Auge zu und findet Gründe, ihn bevorzugt zu behandeln. Bis heute sehen ihn Dirk Rotermund und Gabi Uhse, die Witwe von Beates verstorbenem Sohn Klaus, als Beates »Lieblingskind« an – sie vermuten, dass er diesen Status deshalb erlangte, weil er das einzige Kind war, das Beate mit ihrer großen Liebe Ewe gemeinsam hatte. Gabi Uhse:

»Ich meine, Dirk war letztendlich nur ein Halbbruder, Ulli war das leibliche Kind der größten Liebe ihres Lebens, würde ich mal so behaupten.«[59]

Ulli darf also gleich in der Firma mitarbeiten, angeblich durch Zufall kommt er gleich als Verkäufer in den Beate-Uhse-Sexshop auf Sylt – da war gerade eine Stelle frei. Dort verschaffte er sich blitzschnell Beates Respekt, indem er ein indiziertes Werk in großen Mengen unter dem Ladentisch verkaufte. Hierbei handelte es sich um ein Buch, das die Firma zu ihrem damaligen Bedauern in großer Stückzahl bestellt hatte, bevor es als jugendgefährdend eingestuft worden war. Seine Verkaufsmasche war laut Beates Erinnerungen: »Wenn Sie mal ein wirklich verschärftes Buch haben wollen …«. Wobei es sich in Wahrheit um ein ziemlich langweiliges Buch gehandelt hatte – doch Ulli hatte geschickt die wenigen leidenschaftlichen Stellen kopiert und das Ansichtsexemplar dementsprechend »präpariert«. Beate ist stolz auf so viel Geschäftssinn und Gewitztheit:

»In meinem Familienbetrieb sah ich ein außerordentliches Talent heranwachsen.«

Zwischen »Tante Sex« und »Mutti«

Wäre Beate keine Frau und Mutter gewesen, würde man vermutlich nicht so genau hinschauen – erfolgreiche Unternehmer fragt man auch nicht: Chef und Familie? – Ja, wie geht denn das?! Aber bei Beate ist es spannend. Wieder einmal war sie eine Vorreiterin auf einem Gebiet, das bis heute für Frauen schwerer zu erschließen ist. Und das nicht etwa mit einem feministischen Ansinnen, sondern indem sie einfach MACHTE und sich mit Lamentieren nicht unnötig aufhielt. Natürlich konnte sie immer auch auf eine gewisse Privilegierung bauen: Seit sie Hauptmann der Luftwaffe im Zweiten Weltkrieg gewesen war, hatte sie sich daran gewöhnt, Kindermädchen zu beschäftigen. Gabi Uhse erinnert sich, dass Beate auch später nie zögerte, andere für diese Dienste zu engagieren:

»Sie hat ja in ihrem Werdegang letztendlich immer Kindermädchen und Personal gehabt, die sich um die Kinder gekümmert haben. Weil sie, wie gesagt, ja ihr Geschäft aufgebaut hat. Was man natürlich bewundert. Also ich auf jeden Fall in der Zeit. Wenn sie so erzählte, dass sie mit ihren Kindern dann losgefahren ist und Briefe und die Pakete verteilt hat. Was sie da erzählte, war immer faszinierend.«[60]

Anders war es in den 1950er und 1960er Jahren auch nur schwer möglich, »seinen Mann zu stehen«.

Für »Beate Uhse« war es sehr hilfreich, dass eine Frau an der Spitze stand – noch dazu mit ihrem Gesicht und ihren warmen Worten in den Katalogen. Und so meldeten sich viele

Frauen bei ihr und baten um Rat und Hilfe – sie galt vielen in Deutschland jetzt als »Tante Sex« und als »Sexpertin«, vielleicht konnte sie ja helfen, wenn es im Bett und in der Ehe stockte? So wurde sie für viele Frauen so etwas wie eine Ratgebertante und sie griff diesen Aspekt auch selbstbewusst in den Katalogen auf, indem sie immer wieder vermeintliche Kundinnen-Post abdruckte und dann dazu eine Bemerkung oder einen Vorschlag zur Lösung des Problems präsentierte. Natürlich meistens ein *kaufbares* Lösungsangebot, eines, das man direkt bei ihr bestellen konnte.

In ihrer Autobiografie äußert sie sich etwas ironisch darüber, dass so viele Frauen ihr Briefe schrieben und sich dabei offenbar darauf verließen, dass Beate tatsächlich realitätsnahe Antworten auf Fragen habe wie »Was soll ich tun, wenn mein Mann fremdgeht?« oder »Glauben Sie, dass ich meine Ehe retten kann, indem ich mich auf die Öffnung der Beziehung einlasse?«. Manche fragten sie gar, ob Partnertausch vielleicht dazu führen könnte, dass der Mann bei ihnen bleibt.[61]

Und während sie alle sich so vertrauensvoll an »Tante Sex« wandten, hatte Beate Rotermund ihre eigene liebe Not mit ihrem Ehemann. Sie lebten nicht mehr zusammen. Ewe war der Meinung, sie für den Intellekt, aber nicht für das Bett zu brauchen. Seine sexuelle Befriedigung suchte er bei Helga, dem Kindermädchen. Und das schon seit vielen, vielen Jahren.

Kapitel 7:
Scheidung und Neuanfang

Schon wenige Jahre nach der Hochzeit schleicht sich in die Ehe mit Ewe Rotermund ein Makel ein, der Beate schwer zu schaffen macht: Ewe beginnt eine Affäre.

Weil Beate anfangs nicht an den Erfolg ihres eigenen Geschäftes glauben kann, will sie sich lieber noch ein zweites Standbein schaffen. Gerade in den 1950er und Anfang der 1960er Jahre ist das »Sexbusiness« eine unsichere Sache, wie man an der Kapitulation ihres größten Konkurrenten Walter Schäfer sehen kann. Deshalb beteiligte sie sich am sogenannten »Kurheim« des Ambacher Arztes Fritz Wiedemann, der mit pseudomedizinischen Methoden, einer sogenannten »Frischzellentherapie«, die auf der »Serumtherapie nach Bogomoletz« basierte und von ihm weiterentwickelt wurde, Patienten behandelte. Diese Methode stammte ursprünglich aus Russland und war schon von Stalin sehr geschätzt worden. Obgleich wissenschaftlich nicht haltbar, war sie in den 1940er und 1950er Jahren durchaus beliebt. Was seltsam anmutet, wenn man bedenkt, dass das eingesetzte Serum aus Pferde-, Esel- oder Kaninchenblut gewonnen wurde. Den Tieren wurden Gewebeproben von jung und plötzlich verstorbenen Menschen geimpft, weil man dachte, dass sie dann spezifische Abwehrstoffe bilden, die im daraus gewonnenen Serum wiederzufinden seien. Dieses Tierserum wurde dann dem Patienten in zweitägigen Abständen unter die Haut oder intravenös gespritzt. Die Anwendungen wurden über eine bis drei Wochen durchgeführt. Versprochen wurde das gesamte Spektrum der Wunderheilung: beschleunigte Wundheilung, Knochenbrüche sollten schneller heilen, das Immunsystem gestärkt werden, sogar Krebs versprach man damit heilen zu können und Rheuma zu lindern. Ebenfalls in Aussicht gestellt wurde ein »Anti-Aging«-Effekt, der die Patienten dazu befähigen sollte, bis zu 125 Jahre zu leben.[62] Aus wissenschaftlicher Sicht war all das Treiben um die Wiedemann-Methode nichts weiter als ein spektakulärer Hokuspokus, den sich gerade auch viele Prominente etwas haben kosten lassen. 1998 wurde diese »Kur« eingestellt, und zwar im Zuge des BSE-Skandals – immerhin wurde hier ja Tierblut in Menschen injiziert. Die Klinik ging insolvent und musste geschlossen werden und es kümmerte sich zehn Jahre lang niemand um die Krankenakten der »Geisterklinik Wiedemann«. Jahre später erst entdeckte ein Fotograf die alten Dokumente und fand unter anderem die Krankenakten des österreichischen Bundeskanzlers Bruno Kreisky, des Modedesigners Rudolph Moshammer und der Schauspieler Heinz Rühmann, Harald Juhnke, Inge Meysel, Klausjürgen Wussow und Heidi Kabel.[63]

Wiedemann hatte also tatsächlich großen Erfolg. Er besaß neben Ambach auch Kurzentren in Meersburg und Gran Canaria und schrieb 30 Bücher (darunter: »Die Kunst, glücklich zu sein«). Beate hatte einen guten Riecher gehabt: Hier hätte sie ein gutes Auskommen gehabt, das wäre ein gutes zweites Standbein gewesen (zumindest bis zum BSE-Skandal). Wenngleich: mit sehr fragwürdigen Methoden. Bereits 1945 hatte eine kleine Interventionsstudie aus England keine Wirksamkeit der Serumtherapie nach Bogomoletz nachweisen können. Ob Beate selbst an die Methode glaubte, können wir sie heute nicht mehr fragen. In ihrer Autobiografie schreibt sie aber: »Das war damals eine fortschrittliche Regenerationstherapie.«[64]

Als sie in den 1950er Jahren fast ein Jahr lang dort lebte und arbeitete (sie war unter anderem für die Werbung verantwortlich, aber auch für Personal, Küche und Kommunikation mit den Gästen), begann Ewe in ihrer Abwesenheit eine Affäre mit dem Kindermädchen Helga. Diese ist mehr als 15 Jahre jünger als Beate, damals gerade einmal 21 Jahre alt.[65] Beate ist schockiert und verletzt, klar. Sie stellt Ewe zur Rede und verlangt, dass Helga nicht in ihrem Haus sein dürfe. Dieser reagiert wie so oft impulsiv, knallt die Tür zu und zieht aus.

»Mein Stolz, meine feminine Eitelkeit hatten Prügel bezogen. Verletzt war ich und verzweifelt, denn ich hing an meinem Mann. Heulend reichte ich die Scheidung ein.«[66]

Doch so einfach war das damals nicht. Man konnte sich nicht einfach scheiden lassen, schon gar nicht als Frau. Beate Uhses Anwalt Dr. Kuntze erklärte ihr, dass man zuerst einen Brief an den Ehemann schreiben müsse, in dem eine Frist von 14 Tagen mit der Aufforderung enthalten sein müsste, die eheliche Gemeinschaft wieder aufzunehmen. So wollte es das Gesetz. Womit sie und ihr Anwalt allerdings nicht gerechnet hatten: Am Abend des 13. Tages, so schildert es Beate in ihrer Autobiografie, war Ewe wieder da. Sich an das Gesetz haltend, nahm er die Ehe wieder auf. Zumindest formal.

»In der Realität sah das so aus: Er verrammelte sich im dritten Stock des Pastorats.«[67]

Sie redeten nicht miteinander, nur über die Kinder kommunizierten sie miteinander. Bis es im Geschäft wieder einmal krachte und sie sich zusammenraufen mussten, miteinander reden mussten – und irgendwann klappte es auch wieder mit der körperlichen Liebe, Ewe schlief wieder mit Beate. Doch seine Helga hielt er sich weiterhin als Geliebte.

Die Affäre geht lange, über 20 Jahre wird Ewe daran festhalten. Er sieht es so: »Dich Beate habe ich für den Geist und Helga habe ich für das Bett.«[68]

Es ist eigentlich ein Wunder, dass Beate all das Ganze 20 Jahre lang mitgemacht hat. Jeder, der sie kennt, berichtet heute, dass diese Konstellation trotz aller Offenheit und auch im Zeitalter der »freien Liebe« eigentlich überhaupt nichts für sie war. So zum Beispiel Dirk Rotermund:

»Nee, das passt nicht zu Beate. Keine Konkurrenz neben sich! Obwohl: In anderen Kulturen ist das ja normal. Ich kannte einmal einen reichen Chinesen, den hatte ich in Frankreich kennengelernt und der hatte insgesamt fünf Frauen und im Haupthaus wohnte er mit seiner Frau. Aber da waren noch die vier anderen – das war lustig, solange das nicht vermischt wurde, war das in Ordnung. Aber dafür wäre Beate nicht zu haben gewesen!«[69]

Doch offenbar konnte sie sich mit dem Aufbau ihres Sex-Versandhandels sehr gut von den privaten Problemen ablenken. Da hatte sie genug Arbeit für zwei Powerfrauen um die Ohren – zumindest klingt es so, wenn man ihre Memoiren liest und ihren Verwandten zuhört, wenn sie von diesen Zeiten erzählen (vgl. auch Kapitel 3). Und das Geschäft enttäuschte sie nun einmal nie.

Für Beate ging ein Abwägeprozess los: Sie liebte Ewe. Sehr. Sie wollte ihn nicht verlieren. Aber betrogen zu werden, passte gar nicht zu ihrem Selbstverständnis. Und Treue war ihr eigentlich wichtig. Ein Dilemma, das sie mit vielen Frauen damals teilte.

Hätte es nicht all die Briefe von anderen Frauen gegeben, die verzweifelt über ihre fremdgehenden Ehemänner waren, Beate hätte vielleicht schon viel früher die Reißleine gezogen. So entstand für sie die Illusion, dass es irgendwie normal sei. Und es gehörte auch ein wenig zu ihrer Attitüde, dass sie immer möglichst aufgeschlossen sein wollte, modern und eben nicht allein aus Prinzip altmodischen Konzepten anhaftete. Gleichzeitig stellte sie nach außen stets eine Frau dar, die alles unter Kontrolle hatte. Niemand sollte mitbekommen, dass sie – die starke Beate Uhse, die Chefin eines der größten Erotikunternehmen der Welt – sich von ihrem Mann ausnutzen und auf der Nase herumtanzen ließ. Das alles konnte Ewe für sich nutzen, ihre Liebe und ihr Bemühen um ein gutes Bild nach außen. Und so beharrte er darauf, dass es eben sehr modern wäre, mehrere Frauen nebeneinander zu haben. Das ging so weit, dass er sie irgendwann dazu drängte, sich »einfach« auch einen Liebhaber zu nehmen.

Auch die Kinder spielten eine Rolle bei Beates Entscheidung, trotz der Demütigungen bei Ewe zu bleiben.

»Die Kinder waren noch jung, sie liebten ihren Vater und ich wollte ihnen ein harmonisches Elternhaus erhalten. […] Später dann fürchtete ich den entsetzlichen Hickhack der Scheidungsformalitäten und hatte Sorge, dass die Firma die finanziellen Folgen der Scheidung nicht verkraften könnte. Ewe und ich lebten in Gütergemeinschaft.«[70]

Es spielte also nicht zuletzt auch Geld eine Rolle.

1971 nutzte Ewe die Abhängigkeit Beates (nichts anderes war es letztlich) vollends aus und verlangte, dass Helga in das gemeinsame Heim in Glücksburg am Rüder See einziehen sollte. Und zwar in das sogenannte »Kinderhaus« auf der anderen Seite der Straße, das die Familie erworben hatte, nachdem es im eigentlichen Haus zu eng für die ganze Familie gewesen war und sie jahrelang in Zelten draußen geschlafen hatten (vgl. Kapitel 6).

Ende der 1960er und Anfang der 1970er Jahre, als Beate Uhse die Sexwelle erfolgreich mitforcierte und sogar ein

Festival unterstützte, das zum »Deutschen Woodstock« hatte werden sollen, als sie also ganz klar und deutlich versuchte, ihre Marke in der deutschen Hippie- und Studentenbewegung zu etablieren, galt genau bei dieser unter anderem ein Spruch: »Wer zweimal mit der gleichen pennt, gehört schon zum Establishment.« – Freie Liebe ist das Motto der Stunde und vielleicht auch deswegen kommt es schlussendlich doch dazu, dass Beate dem Willen Ewes folgt und sich einen Liebhaber nimmt.

Weil Ewe ihr mit der Forderung, Helga solle einziehen, so zugesetzt hatte, schnappte Beate sich ihren Sohn Ulli und buchte für sie beide einen Trip auf die Bahamas. Man merkt daran bereits, wie gut es der Familie Anfang der 1970er schon ging, wie wohlhabend sie geworden waren – man konnte sich mal was leisten, sogar einen damals noch verhältnismäßig teuren Flug auf die Bahamas. »Peace & Plenty« hieß das Hotel, in dem sie waren, und gleich am ersten Abend lernte sie dort den Mann kennen, der alles auf den Kopf stellen sollte: John Holland.

»Ein großgewachsener, freundlicher Mensch, athletisch gebaut. Wir lächelten uns zu, wir zogen uns magisch an.«[71]

Es entwickelt sich eine Urlaubsliebe und natürlich auch ein gutes Gefühl für Beate, die so lange betrogen worden war. John war so alt wie ihr Sohn Klaus Uhse, er kam aus New York und war Lehrer.

Sie verbrachten ein paar Tage zusammen, unter den Augen ihres Jüngsten, Ulli. Sie versprachen, sich wiederzusehen.

Und Ewe? Der kriegte seinen Willen: Als Beate und Ulrich nach Hause zurückkehrten, war Helga wirklich ins Kinderhaus eingezogen und er hatte damit klare Tatsachen geschaffen: Ich habe zwei Frauen.

Wenn es stimmt, wie Beate es schreibt, dann war es Ulrich, der seinem Vater begeistert Fotos vom neuen Freund seiner Mutter zeigte. Für den damals Anfang Zwanzigjährigen war es offenbar völlig normal, dass seine Eltern jeweils noch jemand anderes hatten, mit dem sie ins Bett gingen. Und dann kam John tatsächlich. Er hatte sich ein halbes Jahr unbezahlten Urlaub genommen und bat Beate, ihn eine Weile bei sich wohnen zu lassen. Drei Wochen lang lebten die beiden am Rüder See.

»Je länger wir zusammen waren, desto mehr entwickelte sich das, was man ›die große Liebe‹ nennt. John bereicherte mein Leben. Er verkörperte alles, was ich an Männern immer noch mochte.«[72]

Immer noch – trotz all der Demütigungen, all dem Schmerz und der langen Zeit, in der sie hatte die Faust in der Tasche machen müssen. John war 27 Jahre alt, Beate fast 52 – aber der Altersunterschied schien sie nicht zu stören. Für sie war es eine zweite Chance. Doch der Frieden hielt nicht lange an. Ewe, der mit seiner Helga nach Frankreich abgehauen war, als er von Beates Freund auch nur erfahren hatte, kam zurück und fand den schwarzen Liebhaber nun ganz real und konkret bei seiner Frau vor. Das war zu viel für ihn und sein Ego. Nach 20 Jahren, in denen er selbst sich einfach genommen hatte, was er gut fand, in denen Beate hatte zurückstecken müssen, egal wie demütigend es für sie war und obgleich er selbst es war, der sie ermutigt hatte, sie solle sich doch einfach auch einen Liebhaber nehmen, wird Ewe Rotermund bewusst, dass er selbst überhaupt nicht damit klarkommt, dass seine Frau einen anderen Mann hat. Jetzt will er die Scheidung. Und er will Geld.

Öffentliche Schlammschlacht mit Ewe

»Sehr geehrter Freund meines Hauses«, so beginnt eine Stellungnahme Beate Rotermunds, in der sie darlegt, dass es sie sehr schmerzt, dass ihr eigener Mann in der Presse so intime Anschuldigungen über ihrer beider Ehe erhoben hat. Es gibt auch eine Stellungnahme von »Beate Uhse«, die ein wenig anders ausfällt – der Inhalt ist ähnlich, der Wortlaut jedoch nicht und Beate Uhse ist mehr darauf bedacht, zu betonen, dass auch ihr – die ansonsten ja anderen in schwierigen Phasen der Ehe hilft – so etwas passieren kann.

Der Streit mit Ewe landet vor dem Scheidungsgericht – doch Ewe belässt es nicht dabei. Offenbar will er Beate richtig Schaden zufügen, und wie geht das am besten? – Über eine Kampagne in der BILD-Zeitung, so war das auch schon 1972. Am 5.5.1972 erklärte ein Mitarbeiter der Firma Beate Uhse an Eides statt, dass er am selben Tage um 12:30 Uhr einen Anruf von Ewe erhalten habe, in dem dieser drohte, er »werde die BILD-Zeitung mit weiteren Einzelheiten über die Hintergründe des vor der 5. Zivilkammer des Landgerichts Flensburg anhängigen Scheidungsrechtsstreits informieren, der BILD-Zeitung bisher nicht eingereichte Schriftsätze übermitteln und intime Einzelheiten aus dem Eheleben der Parteien Rotermund zum Zwecke der Veröffentlichung zur Kenntnis bringen. Wörtlich sagte Herr Rotermund in diesem Zusammenhang: ›Ich musste sie – Frau Rotermund – immer in den Arsch ficken, weil mein Glied angeblich zu klein war.‹« Der Angestellte erklärt weiter: »Ich habe das so verstanden, dass Herr Rotermund beabsichtigt, auch diese Äußerung an die BILD-Zeitung zur Veröffentlichung weiterzugeben.«[73]

Die Folge ist eine einstweilige Verfügung gegen Ewe, die ihm bei Strafe untersagt, Intimes an die Presse zu geben. Drei Zeitschriften und zwei Zeitungen hatte Beate Rotermund allerdings schon vorlegen können, in denen er genau das getan hatte. Längst war die Kampagne gegen sie im Gange und von John wusste nun auch schon ganz Deutschland.

Für die Presse ist die Geschichte von »Tante Sex«, die nun mit einem Schwarzen eine Liebesaffäre hat, ein gefundenes Fressen. Bilder von den beiden erscheinen, man schreibt dick das N-Wort daneben und man spekuliert und spekuliert. Gut für Ewe: Als 1972, ein Jahr nach dem Beginn der ganzen Sache, die Ehe endlich geschieden wird, bekommt er vom Gericht insgesamt drei Millionen Mark zugesprochen. Der ganze öffentliche Druck, den er aufgebaut hatte, hat sich für ihn definitiv gelohnt. Finanziell ging er als »Sieger« aus der Sache hervor.

Persönlich jedoch hatte auch er nun erfahren, wie es sich anfühlt, gedemütigt zu werden. In den Unterlagen Beate Uhses im Archiv FZH in Hamburg findet sich eine Postkarte von Ewe aus Marokko, er schreibt:

»Hier sind eine Menge Neger mit dicken langen Schwänzen. Muss deshalb oft an dich denken. Du würdest hier auf deine Kosten kommen. Eine Dame sagte mir, dass diese Rasse wundervolle Ficker seien. Es ist schönes Wetter. Viele herzliche Grüße auch an unsere Söhne …«

Die Postkarte kannte Dirk Rotermund auch, Beate habe ganz schön schlucken müssen bei diesen extremen Zeilen.[74]

Ewe hat offenbar ein Problem. Ob mit seinem kleinen Penis oder aufgrund der Tatsache, dass seine Ehe gescheitert ist – wir wissen es nicht. Aber es gibt eine Kopie eines handschriftlich verfassten Briefes, den er an die *Pauli Nachrichten* geschrieben hat. Darin steht:

»Vielleicht ist für Sie die Nachricht von Interesse, dass ich (58) mich nach 22-jähriger Ehe von Beate Uhse scheiden lasse. Anlass dazu gab … (unleserlich) intime Beziehung zu dem 28-jährigen amerikanischen Schwarzen John M. Holland aus

New York. Nach den Berichten von Frau Uhse soll der Penis von Mr. Holland außergewöhnlichste Maße aufweisen, doch soll die Länge nicht ganz ausreichen einen Knoten zu machen, dies versicherte Sohn Klaus Uhse (28), der den Penis von Mr. Holland gelegentlich einer in unserem Garten stattfindende … (unleserlich) beobachten konnte. Zur Zeit absolviert Mr. Holland eine von Beate Uhse finanzierte Ausbildung als Berufspilot.«[75]

Der Rest ist leider sehr unleserlich, doch man bekommt einen Eindruck von Hass und Abscheu, Neid vielleicht?, die hier zum Ausdruck kommen.

Doch nicht nur mit Beate hat Ewe die Beziehung beendet. Auch wenn es ungewöhnlich klingen mag, als Ewes Sohn Dirk Rotermund 28 Jahre alt war, hat Beate versucht, ihn zu adoptieren. Dirk stammte aus Ewes erster Ehe. Diese war – damals noch »aus Verschulden der Ehefrau« – 1947 geschieden worden. Seit ebendiesem Jahr lebte er in der Obhut von Beate und Ewe, die 1949 auch heirateten. Der neue Ehemann der leiblichen Mutter, ein Bankdirektor, wollte keinerlei Kontakt zum Rest der Familie, da er um sein Ansehen bangte.

1972 wurde die Ehe zwischen Rotermund und Rotermund geschieden und Ewe damit, nach Beates Auffassung, auch von seinem Sohn »endgültig losgesagt«. »Die Beziehungen zum Vater sind praktisch völlig abgebrochen«, heißt es in der Antragsbegründung. Die Sache gelingt, Dirk Rotermund wird offiziell Beates Sohn. Er erzählt, dass die Gründe vor allem finanzieller Natur waren:

»Das hing damit zusammen, dass die Erbschaftsteuer gespart werden musste, also musste ich erst adoptiert werden, bevor sie die 25 Prozent an mich geben konnte.«[76]

Die 25 Prozent – hier geht es natürlich um Dirks Anteil an der Firma Beate Uhse. Die sollte gerecht zwischen Beate und den drei Söhnen (samt nun Adoptivsohn) aufgeteilt werden. Denn nach der schwierigen Scheidungsphase war Beate viel mit John unterwegs, während sich die Jungs, Klaus, Ulli und Dirk, derweil um die Firma kümmerten und dafür sorgten, dass das Geschäft weiter gut lief – so gut es eben ging.

»Ich ordnete mein Leben neu. Es sollte nicht länger nur aus Arbeit bestehen. Die Kompetenzen in der Firma waren geregelt. Meine Söhne übernahmen mehr und mehr Verantwortung, deshalb war es mir möglich, oft mit John zu verreisen.«[77]

Beates Auffassung war: Wer so viel zu der Firma beitrug und sich kümmerte, der sollte sie auch anteilsmäßig besitzen.

Schmerz und Glück

Dass Beate die Trennung von Ewe nicht leichtfällt, darauf lässt unter anderem eine Rede schließen, die sie »zur Silberhochzeit von Edith und Hermann am 22. 5. 1979« gehalten hat[78]:

»Heiraten kann jeder. Das ist einfach. Wer aber so wie ihr beide nach 25 Jahren Ehe als frohes, heiteres Paar seine Freunde, seine Kinder und Enkelkinder um sich versammelt, um mit ihnen die ›Silberne Hochzeit‹ zu feiern – der hat wirklich eine reife menschliche Leistung vollbracht, die unser aller Bewunderung und Anerkennung verdient!

Ihr habt in einer schwierigen Zeit geheiratet, in einer Zeit, in der die Ehen nicht mehr im Himmel geschlossen wurden und auch nicht selbstverständlich für die Ewigkeit hielten. In eurer – in unserer Generation hat man sich nicht gescheut, eine Ehe zu beenden, wenn es nicht mehr klappt. Ihr beide aber habt es geschafft, eure Ehe zu erhalten. Ich glaube, es ge-

hört eine Menge menschliche Qualität dazu, 1/4 Jahrhundert glücklich und zufrieden miteinander zu leben!
Man braucht eine Menge Liebe, eine Menge Toleranz und Verständnis füreinander. Dazu eine gute Portion Beharrlichkeit und Ausdauer. Aber man braucht auch eine großzügige Prise vom Glück, dass einem der Partner nicht vorzeitig – durch Kriege oder andere Unglücksfälle – genommen wird.«

In diesen Zeilen klingt ebenso an, dass der Schmerz nicht nur über das Ende ihrer Ehe mit Ewe besteht, sondern dies nun der zweite Anlauf war, der wieder missglückte. Hans-Jürgen Uhse war ihr durch den Krieg genommen worden – Ewe durch »andere Unglücksfälle«? Was Beate selbst ersehnt – in dieser Rede wird es deutlich. Es ist ein ehrliches Glück, ein Miteinander in Verständnis und Liebe:

»Aber das Wichtigste: Jeder der euch beide gut kennt, weiß: Eure frohen Gesichter heute – an eurem Ehrentag – sind nicht etwas Außergewöhnliches, Aufgesetztes – Nein, sie sind so wie ihr wirklich immer zusammen lebt: heiter, fröhlich und voller Harmonie und Verständnis füreinander.«

Am Ende beschreibt sie ein Paar, das sie selbst gerne auch mit jemandem gewesen wäre. Eines, das zu sein sich vermutlich die meisten Menschen bis heute wünschen. So schließt sie auch mit den Worten:

»Ich persönlich bewundere euch, vielleicht beneide ich euch auch ein kleines bisschen. Denn ich habe dieses schöne Ziel einer Partnerschaft, in Harmonie gemeinsam alt zu werden, nicht erreicht.«

Beate ist nun 60 Jahre alt und es wird bis zu ihrem Tod so bleiben, dass sie »dieses schöne Ziel« nicht erreicht. Diese Facette ihres Lebens bleibt in den Autobiografien verborgen. Sie schreibt natürlich, dass sie schwer getroffen war von der Trennung von Ewe – auch weil diese so schmutzig und öffentlich-medial ausgetragen worden war. Es hat sie schwer getroffen, das kann sie nicht verbergen, dennoch stellt sie in ihrem Buch einen anderen Aspekt deutlich nach vorne: John.

»Mein schwarzer Liebhaber«

Während und nach all den Strapazen und der Aufregung im Privaten wie im Öffentlichen rund um ihre Scheidung hat Beate einen neuen sicheren Hafen gefunden, bei John, dem schwarzen, 25 Jahre jüngeren Mann aus New York, den sie auf den Bahamas kennengelernt hat. Als am 9. Mai 1972, ausgerechnet am Geburtstag ihres gemeinsames Sohnes Ulrich, die Ehe zwischen Beate und Ernst-Walter Rotermund geschieden wird, ist er der Erste, der sie auffängt und ihr Trost spenden kann. Sie holt ihn noch am selben Tag vom Flughafen in Hamburg ab und gemeinsam brechen die beiden auf in Richtung Île du Levant in Frankreich, die sogenannte »Insel der Nackten«. Es hätte eine Erleichterung sein sollen, doch die Scheidung hat Beate mitgenommen. Für sie ist das Ende sehr bitter, so hatte sie es sich nicht vorgestellt und auch die eitle Seite der gekränkten Frau darf zum ersten Mal lauter werden.

So schreibt sie in ihren Memoiren:

»Mir schien, als hätte ich 25 Jahre meines Lebens weggeworfen. Sinnlos vertan. Die besten Jahre im Leben einer Frau.«[79]

Beate gönnt sich nun immer mehr Auszeiten, die Firma übernehmen mehr und mehr ihre »Jungs« und sie reist mit John durch die Welt. »Die beste Zeit ihres Lebens«, wie sich Dirk Rotermund später im Gespräch erinnert. Auch Beate beschreibt diese Zeit in ihren Memoiren ausschließlich positiv.

John, so scheint es, hat sie aufgefangen und ihr sehr viel gegeben, ohne dafür eine Gegenleistung zu erwarten.

»John tat mir gut. Seine Lebenslust war ansteckend. Er forderte nichts. Er gab mir Sicherheit, Sex und Selbstachtung.«[80] Dank Beates Unterstützung erwarb auch er einen Pilotenschein, gemeinsam flogen sie über Europa oder waren mit dem Campingbus irgendwo zwischen Griechenland und dem Nordkap unterwegs. Beate besuchte ihn auch in New York. Er stammte aus der Bronx, ein Stadtteil, der vor allem in den 1960er Jahren wegen einer besonders hohen Kriminalitätsrate bekannt war. In den 1990er Jahren sank dann die Kriminalität um über 70 Prozent. Doch als Beate und John ein Paar waren, da war die Gegend, vor allem die südliche Bronx, noch ein gefährliches Pflaster. Bekannt ist der Stadtteil auch wegen seiner Hip-Hop-Geschichte. Da hier in den 1960er Jahren vor allem Afroamerikaner und Hispanics lebten, wurde auch die Musikkultur sehr divers, und so wundert es kaum, dass Breakdance und Hip-Hop ihre Ursprünge hier haben.

In diesem New Yorker Stadtteil war Beate also zu Besuch und lebte inmitten der schwarzen Familie ihres neuen Lebensabschnittspartners. Für sie eine neue Erfahrung:

»Alle gingen freundlich und respektvoll miteinander um. Niemand nahm sich besonders wichtig, jeder war so, wie er war, und das war okay. Keiner schien Lebensangst zu kennen, alle konnten darauf vertrauen, dass die anderen für sie da sind.«[81]

Selbst bei Geldfragen schien diese Sicherheit, dieses geborgene Nest, nicht zu enden und Beate beschreibt diese Erfahrung als eine Art Entdeckung der Gelassenheit, etwas, das sie so noch nicht gekannt hatte.

In ihrer Autobiografie fällt der Abschnitt, den John Holland in ihrem Leben zugeteilt bekommt, sehr knapp aus. Ein lausiges Kapitelchen, in dem es neben dieser Liebesbeziehung auch noch um andere Dinge geht, zum Beispiel um ein erstes Buch, das sie in der Phase mit John für den hauseigenen Stephenson Verlag schrieb: »Sex in der Partnerschaft«. Darin beteuert Beate ihre Ansicht, dass eine gute Partnerschaft viel wichtiger sei als materieller Erfolg. Dass ein aktives Liebesleben sogar davor schütze, zu altern oder krank zu werden! Dank John kann sie wieder in die altbekannte Rolle schlüpfen, dank dieser Beziehung ist sie wieder stark und fühlt sich wieder berufen, anderen zu erklären, wie das mit der Liebe und der Partnerschaft geht. Die Siebzigerjahre neigen sich schon dem Ende zu und privat wie auch geschäftlich läuft es blendend:

»Das Leben meinte es jetzt besonders gut mit mir.«[82]

Zum ersten Mal in all den Jahren als Firmengründerin nimmt sich Beate mehr Zeit für das Leben als für Karriere oder Erfolg. Ihr Ziel: Die Hälfte des Jahres fürs Geschäft, mehr nicht – und offenbar gelang ihr das ganz gut.

Das Ende der Beziehung zu John findet in ihrem eigenen Rückblick dann wiederum eine sehr knappe Erwähnung.

»Bei John und Beate gab es nun auch ein paar Probleme. Er war ein echter New Yorker, für den nur eine Riesenstadt attraktiv ist. […] Mir würde die Natur fehlen, der Garten, das Meer. Und natürlich auch die Firma.«

Und dann taucht noch ein weiteres Problem am Horizont auf: Beate findet, dass John sich nicht genug anstrengt. Dass er zu wenig arbeitet, um voranzukommen – mit einem Wort: Dass er *faul* ist.

»John glaubt gern, dass einem die gebratenen Tauben in den Mund fliegen und man nur in Ruhe darauf warten sollte.«[83]

Was sie erst als Entlastung und Gewinn empfunden hatte: dass er sich aus Geld nicht so viel machte und dass in seiner Familie ganz andere Werte zählten, nämlich nicht, wie viel jemand verdiente, sondern dass alle zusammenhalten und einander helfen, das trägt sie ihm noch Jahre später nach. In den Unterlagen des FZH in Hamburg finden sich Briefe, die Beate und John sich in den 1990er Jahren geschrieben haben. Es sind meist freundschaftliche Briefe, in denen beide betonen, wie schön sie die gemeinsame Zeit in Erinnerung haben.

»Zu ihm hat sie immer den Kontakt behalten, er ist ja auch viele Jahre später nochmal in Flensburg gewesen. Mit ihm hat sie sich dann auch getroffen«,[84] erinnert sich Gabi Uhse.

Das war im Jahr 1999, als John noch einmal nach Deutschland kam. Rund um Beates 80. Geburtstag sollte es eine große Fernsehshow geben und dafür hatte ein Fernsehteam ihn extra einfliegen lassen.

Doch dann gab es im Vorfeld Probleme: Seine Reisekosten wurden nicht sonderlich pünktlich bezahlt, deswegen erläutert er in einem seiner Briefe an Beate, dass seine finanzielle Situation als pensionierter Lehrer nicht gerade die beste sei. Er sei darauf angewiesen, Auslagen wie die für den Atlantikflug auch wieder zurückzuerhalten. John bittet Beate um Hilfe, sie solle doch einmal bei der Fernsehfirma nachhaken. Es geht ein paar Mal hin und her und immer mehr wird deutlich, dass John zu bemerken scheint, dass seine Zeit mit Beate vielleicht etwas wert sein könnte, wenn er denn darüber sprechen würde – etwa in einem Film oder in einem Buch. Er hat vielleicht auch noch die Abfindung von drei Millionen im Hinterkopf, die Ewe sich herausgeschlagen hat.

In einem dieser Briefe, er stammt aus dem Jahr 2000, denkt er laut darüber nach, die Zeit mit ihr biografisch zu erzählen und damit ein wenig Geld zu machen: Er sieht, dass Beate ein »Hot Topic« ist und merkte im Zusammenhang mit den Dreharbeiten auch, dass Journalist*innen und Redaktionen ziemlich scharf auf »Juicy Details«, also schlüpfrige Details aus der Zeit zwischen ihm und ihr sind. Da er sich ihr aber so verbunden fühlte, gab er darauf nie eine Antwort und behielt für sich, was er an Futter für die Presse gehabt hätte. Auch weil Beate ihm in einem Brief ziemlich deutlich klarmachte, dass ihre Anwälte niemals zulassen würden, dass Details, die etwa dazu geeignet sein könnten, ihrem Bild in der Öffentlichkeit zu schaden, eine Freigabe bekämen. Sie weist ihn ab und beharrt darauf, dass das, was zwischen den beiden geschehen ist, auch privat und einzig zwischen ihnen bleiben soll.

Doch John hat finanzielle Probleme und zugleich Sehnsüchte nach einem Leben, wie er und Beate es in den 1970er Jahren zusammen gelebt haben, so schreibt er eines Tages: »Beate, ich hätte nie gedacht, dass ich dich eines Tages bitten würde, mir finanziell zu helfen. […] Ich würde gerne wieder die materielle Seite des Lebens genießen. Ich will wieder reisen und mehr Urlaube machen, ich möchte ein neues Auto fahren und ein neueres Flugzeug fliegen und aus den Schulden rauskommen. […] Ich bin oft den anstrengenden Weg gegangen und habe deswegen nur wenig oder kaum großen materiellen Erfolg. Ich weiß und ich glaube, dass du meinen Weg ein wenig ebnen kannst und willst.«[85]

Wenn man vorher gelesen hat, wie sie ihre Beziehung zu John in ihrer Autobiografie beschrieben hat, und wenn man von Dirk Rotermund weiß, dass John nach der Scheidung dafür sorgte, dass es »die beste Zeit in ihrem Leben« werden würde, dann stutzt man doch sehr ob der Schroffheit, mit der Beate ihrem ehemaligen Geliebten auf diese Bitte antwortet: »Du erzählst mir, dass du dir die Dinge nicht leisten kannst, die es ermöglichen, das Leben in vollen Zügen zu genießen … […] John, hier kommt das Problem, das schon in unserer Partnerschaft – von meiner Seite aus – dazu führte, dass die Beziehung zwischen John und Beate auseinanderfiel. John, du hast nie hart genug dafür gearbeitet, das Geld zu verdienen, um den Lebensstil zu leben, den du wolltest. Du hast nur den Mund geöffnet und gehofft, dass die gebratenen Tauben dir in den Mund fliegen. Das tun sie nicht. *(Unterstreichung durch Beate)* Nichts Gutes wird im Leben von uns Menschen passieren, wenn wir nicht bereit sind, hart dafür zu arbeiten und unser Allerbestes zu geben, um unsere Ziele zu erreichen. Das ist es, was du tun musst: Hart arbeiten, um deine Ziele zu erreichen.«[86]

Ab da finden sich im Archiv in Hamburg keine weiteren Briefe mehr.

John Holland ist übrigens bis heute mit keinen weiteren »Juicy Details« über seine Beziehung zu Beate Rotermund an die Öffentlichkeit gegangen.

Beate Uhse und ihr Fluglehrer und erster Ehemann Hans-Jürgen Uhse, 1938

Beate Uhse vor einer Bücker Bü 131, 1938

Im Sommer 1944 (nach Hans-Jürgens Tod) machte Beate eine Umschulung auf einer Bf 109 für den Job als Überführungsfliegerin.

Beater Rotermund ist auch 1979 nach vielen Jahrzehnten des Fliegens im Alter von 60 Jahren noch begeisterte Pilotin.

Beate Rotermund 1980 in einer Ce 172

Beate und ihre Jungs, 1985

Beate Uhse –
ein Name wird ein Begriff

30. April '45 – die Russen vor Berlin. Auf der Flucht die 26jährige Testpilotin und Offizierswitwe Beate Uhse.

Im Flugzeug erreicht sie Nord-Friesland.

Ins Nachkriegs-Chaos werden viele Kinder geboren: viele ungewollt, weil die Eltern nichts über Verhütung wissen. Deshalb vertreibt die junge Frau eine kleine Broschüre über die Geburtenregelung nach Knaus/Ogino und bekommt begeisterte Zuschriften.

Der am meisten geäußerte Wunsch: bessere Informationen und vor allen Dingen sichere Verhütungsmittel.

Nur logisch, daß sie beschafft, was sie bekommen kann und per Post verschickt. Das war der Anfang.

Immer mehr Menschen kamen zu Beate Uhse, um das Sortiment zu besichtigen, und diesen oder jenen Rat zu bekommen. Deshalb wird am 17. 12. 1962 in Flensburg der erste Sex-Shop der Welt eröffnet.

Spektakuläre Urteile, Diskussionen und neue Gesetze führen zu einem liberalerem Klima. Dieses ermöglichte bis heute die Eröffnung von 31 Läden, 15 Kinos und anderer Firmen, die alles für Lust und Liebe bieten.

Beate Uhse
Aktiengesellschaft

Postfach 29 55 · Gutenbergstraße 12 · D-2390 Flensburg · Tel. 0461 / 809–0

Ein Firmenprospekt mit gleichzeitiger Autogrammkarte.
Rückseite

Beate Rotermunds Campingbus, mit dem Urlaube gemacht,
aber auch Postsendungen durchs Land gefahren wurden, 1951

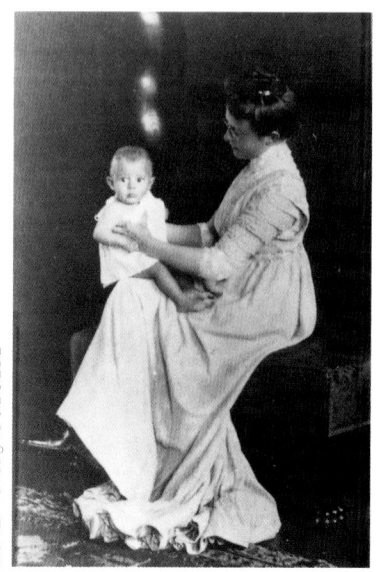

Beate als Baby auf dem Schoß ihrer Mutter Margarete Köstlin-Räntsch

Vater Otto Köstlin und seine Frau Margarete

Beate als Schülerin in Ostpreußen

Beate mit ca. vier oder fünf Jahren beim Skifahren

Firmenchefin Beate Rotermund blickt seriös und
freundlich zugleich ihre Kund*innen an.

Egal wie stressig Arbeit und Privatleben wurden,
in ihrem Garten konnte Beate immer entspannen.

Bild FZH Hamburg 18.9.26 Bd 2

Für ein Firmenporträt schaut Beate auch einmal kurz bei
den Damen in der Versandabteilung von Beate Uhse vorbei.

1965 waren Ewe und Beate in den USA,
wo dieses Erinnerungsfoto entstanden ist.

Leseecke in einem Beate-Uhse-Shop in Hamburg, ca. 1962

Ein Beate-Uhse-Laden in Hamburg, 1962

Beate und ihre drei Söhne, ca. 1969 – noch arbeiten alle drei zusammen
in der Firma.

Die moderne Firmenzentrale in Flensburg wurde von allen einfach nur
»Sex-Eck« genannt, April 1970.

Bei einem Prozess im März 1972

Am 25.11.1999 trug sich Beate in das Goldene Buch der Stadt Flensburg ein.
80 Jahre alt und mehr als 50 Jahre im Geschäft.

Bild: Hans Starck / Beate Uhse. Quelle: FZH-Hamburg 18.9.2.6 Bd.13

Beate Uhse und Beate Rotermund: In den letzten Lebensjahren musste nicht mehr so getan werden, als ginge es um »Ehehygiene«.

Kapitel 8:
Die Pornowelle

Mit der Entscheidung zu Fanny Hill im Jahr 1969, dem endgültigen Freispruch für Beate Uhse vor dem Bundesverfassungsgericht 1971 und schlussendlich der Legalisierung von Pornografie 1975 steht eine neue Welle vor der Tür: die Pornowelle. Und wie schon die Sexwelle, wird Beate Uhse auch diese neue Konsumwelle zu reiten und für sich zu nutzen wissen.

Am Montag, dem 12. Oktober 1970, titelt die *BILD*-Zeitung: PORNO, PORNO, PORNO und prophezeit: Eine Pornowelle werde die Bundesrepublik überschwemmen, die Bundesregierung habe die Freigabe beschlossen. Die »Porno-Spezialisten« hätten sich auf den »Tag X« vorbereitet, darunter vor allem Dänen (»kauften größere Druckmaschinen«) und Beate Uhse (»lagere auf dänischer Seite in Grenznähe Porno-Produkte«) – das »große Geschäft mit der Lust« könne beginnen.

Das waren für die Erotikfirmen natürlich spannende Zeiten, die Ära, in denen man ihnen jegliche Verbreitung von Material verboten hatte, das je nach Richter einmal als »problematisch« oder »jugendgefährdend« eingestuft wurde, neigte sich dem Ende zu und damit taten sich ganz neue

Möglichkeiten des Geldverdienens für Beate Uhse und ihre Konkurrenten auf.

Bis zur endgültigen Legalisierung war natürlich noch ein Weg zu gehen. Vor allem die Kirchen versuchten alles, sie zu verhindern, es gründete sich die »Aktion Porno-Stop«:

»Hannelore Pöppinghaus, 46jährige Hausfrau aus Köln, rief zur Aktion *Porno-Stop* auf. Sie ist ›guten Muts‹, Bundesgenossen zu finden, die sich mit ihr solidarisieren und dafür sind, das Verbot von Pornographie beizubehalten. Die ›Verletzung des sittlichen Empfindens stumpft ab‹, schreibt sie, und mache den Menschen ›anfällig für radikale politische Verhaltensweisen‹. Hausfrau Pöppinghaus will ihre Aktion als Privatinitiative verstanden wissen. Sie verschwieg, daß sie altes CDU-Mitglied und Stellvertreterin des rheinischen CDU-Landeschefs Köppler ist.«[87]

So mischen sich nicht nur in persona von Frau Pöppinghaus die privaten Interessen mit den politischen. Die bevorstehende »Pornofizierung« der Gesellschaft spaltet diese in sich scheinbar unversöhnlich gegenüberstehende Blöcke: hier die konservativen Wertebewahrer, deren »sittliches Empfinden« wie schon in den Prozessen der 1950er und 1960er Jahre Alarm schlägt, dort die modernen und aufgeklärten sexuell Befreiten, die jede Form der Einschränkung ihrer persönlichen Triebe und sexuellen Interessen als Vorbote der »Renazifizierung« der Gesellschaft brandmarken (einer in der deutschen Studentenbewegung sehr verbreiteten Argumentation von Wilhelm Reich folgend, vgl. Kapitel 5). Der Staat, so ihre Argumentation, müsse sich aus dem Sexleben der Menschen endgültig raushalten. Es vergingen vier weitere Jahre, bis 1975 dann die Freigabe kam, zumindest für »die einfache Pornografie«.

»Das bisher totale Verbot der Verbreitung von Pornographie weicht vom heutigen Dienstag an einer begrenzten

Freigabe. An diesem Tag tritt der im Sexualstrafrecht neugefaßte Paragraph 184 des Strafgesetzbuches in Kraft, der die sogenannte einfache Pornographie für Erwachsene freigibt, ›harte‹ Pornographie aber weiterhin strikt verbietet und auf diese Weise den Jugendschutz verbessern soll.«[88]

Mit der Freigabe »einfacher« Pornografie wurde aber nicht etwa ein uneingeschränktes Verkaufen oder Veröffentlichen derselben möglich. Es sollte sichergestellt bleiben, dass Erwachsene, wenn sie wollen, einfachen Zugang dazu haben, aber gleichzeitig jene, die kein Interesse daran haben, nicht damit konfrontiert würden. Das galt auch für Jugendliche, die keinen Zugang dazu haben sollten. Pornografie gab es also nicht plötzlich an jedem x-beliebigen Kiosk oder in der Bücherei. Es musste sichergestellt werden, dass nur Volljährige Zutritt zu Pornokinos oder dem speziellen Ladenbereich hatten, in dem es die Pornos gab.

Schöne Frauen, die tatsächlich Spaß haben könnten

Als die Pornowelle Fahrt aufnahm, war man bei Uhse nicht sofort ganz vorne mit dabei. Zuerst kamen Filme aus Skandinavien nach Deutschland, allen voran dänische Produktionen. Dort war die Pornografie schon länger legal gewesen und als Flensburger Unternehmen wusste man bei Beate Uhse recht gut, was die Nachbarn so alles an Sexfilmen produzierten. Doch den Deutschen galten diese Filme als abschreckendes Beispiel, gerade den idealistischen »68ern«, die mit ihrer sexuellen Befreiung auch alte Herrschaftskonzepte infrage stellten, waren sie oft zu »hart« oder zu »hässlich«, denn sie zeigten Männer als immer könnende Kerle mit immer harten Schwänzen, während Frauen einem »bourgeois-patriarchalen Sex-Konzept« untergeordnet wurden. Das wollte Jörg Schröder, der als »Porno-König«[89] in den ersten Jahren der Welle von sich reden machte, ändern.[90] Noch bevor der Siegeszug der Pornofilme in Deutschland begann, setzte er mit seinem legendären »Olympia Press«-Buchverlag Zeichen für eine mögliche Zukunft der Pornografie. Das Wichtigste war ihm dabei, dass seine Darsteller*innen nicht hässlich sein durften. Schröder war mit einigen Idealen angetreten: Die sexuelle Frustration der Geschlechter solle ein Ende haben; die Zuschauer*innen sollten von ihren sexuellen Komplexen befreit werden; in den Vordergrund sollte die pure Lust rücken – die Lust an sich. Das unterschied ihn gleichzeitig von vielen seiner zeitgenössischen linken Mitstreiter, die in der Sexualität ein politisches Projekt sahen. »Mit den Linken im Lande wäre es besser bestellt, wenn sie, von Zeit zu Zeit, mal auf richtige Pornografie gewichst hätten, anstatt nur auf Karl Marx«, wie er in seinem Memoiren-Buch »Siegfried« sagt.[91] Es ging ihm also vor allem um eine Vorlage, die dazu dient, sich selbst zu befriedigen – Schröder machte daraus keinen Hehl. Wichtig war ihm aber, dass die (schönen) Frauen in seinen Büchern so aussehen sollten, als hätten sie tatsächlich Spaß beim Sex.

Auch für Beate Uhses 1974 erschienenes Buch »Sex in der Partnerschaft« scheint diese Prämisse zu gelten. Es ist mit zahlreichen Bildern illustriert, die verschiedene Menschen beim Sex zeigen, Bilder ihrer Genitalien, Aufnahmen beim Cunnilingus und Fellatio, beim Sex am Strand oder auf dem Küchentisch. Ansehnlich sollen die Paare sein, aber auch authentisch, sie dürfen alt sein, sie müssen keine Magermodels sein, sie sollen Spaß haben. Das Buch nimmt sich in der aufklärerischen, Frauen zugewandten Ansprechhaltung Beate Uhses im Hinblick auf die in den darauffolgenden Jahren erscheinenden Publikationen und Filme der Firma fast schon als ulkig »feministisch« aus, wie auch die Historikerin Elizabeth Heineman bemerkt.[92] Das Wort »Gleichberechtigung« wird in diesem Buch durch alle Ebenen der Paarbeziehung und Sexualität durchdekliniert. Es beginnt damit, dass Beate Uhse uns eine wichtige Lektion in Sachen Selbstliebe mitgibt, die in mehrfacher Hinsicht beachtlich ist, so schreibt sie:

»Wohl dürfen wir mitteilen, wir hätten eine gute Zensur in der Schule bekommen oder einen besser bezahlten neuen Job, nicht aber dürfen wir verkünden, wir hätten gerade entdeckt, dass unsere Vulva oder unser Penis schön ist. So etwas tut man nicht!«[93]

Der Gedanke, eine Frau könnte ihre Vulva, so wie sie ist, *schön* finden, ist revolutionär. Die meisten Frauen *kennen* ihre Vulven zu der Zeit nicht, noch kennen viele das *Wort*: »Vulva«! Aber so steht es dort, ganz wörtlich. 1974, eine Zeit, in der die meisten Frauen von ihrer »Scheide« gesprochen haben, ihre Gynäkologen vielleicht von der Vagina, aber Beate wählt das Wort, das erst 35 Jahre später durch die Kulturwissenschaftlerin Mithu Sanyal für viele Frauen in den Sprachgebrauch gebracht wird[94] – indem sie in ihrem Buch mit dem Titel »Vulva« für mehr »Genitalstolz« plädiert. Eine bis heute völlig ungehörige Form des Stolzes – erfunden von Beate Uhse? Vermutlich nicht, aber diese Zeilen sind ein Zeichen dafür, wie radikal »feministisch« ihr Denken damals noch war. Zumindest in vielen Teilen des Buches. Ein paar Seiten später treibt sie diesen radikalen Gedanken auf die Spitze, indem sie Nahaufnahmen einer Vulva abdruckt, in der Bildunterschrift steht: »Liebesorgane sind nie ›hässlich‹. Es gibt keinen verbindlichen Maßstab für die Schönheit einer Vulva.«[95]

Obgleich sie einerseits radikale Selbstliebe predigt, geht dieser Appell andererseits auch mit einem »Aber« einher, wenn sie schreibt:

»Man kann sehr viel tun, damit man sich in der eigenen Haut wohler fühlt. Denken Sie nur an Schlankheitskuren, Haarfarben, bessere Kleidung, Toupets für Männer, Schönheitsoperationen, Haarübertragungen ...«[96]

Aus heutiger Perspektive, in einer Zeit, in der Frauen weltweit für »Body Acceptance« und »Body Positivity« werben, gerade auch in den neuen Sozialen Medien, wie Youtube oder Instagram, ist das natürlich ein kleiner Dämpfer. Tatsächlich schreibt aber auch hier Beate selbst frei von ihrer Seele weg, denn den eigenen Körper zu lieben, ist für sie nur die eine Hälfte des »Deals«, den sie mit ihm hat. Die Partnerschaft mit John hat sie zwar offenbar beflügelt, alles Mögliche, inklusive ihrer Vulva, schön zu finden, was sie sonst eventuell selbst an sich härter kritisiert hätte. Doch in die glücklichen Jahre mit John, die 1970er, fällt auch ihre eigene Schönheits-OP, ein Lifting. So verliebt sie auch war, der eigene Körper alterte – 1979 stand der 60. Geburtstag bevor! – und der Blick in den Spiegel ist gerade auch für Beate, die immer einen Jugendkult gehegt hatte, immer sportlich sein und jung bleiben wollte, hart:

»Wenn ich allerdings in den Spiegel sah, schaute mich eine Frau an, deren äußeres Erscheinungsbild so gar nicht zu ihrem inneren Wohlbefinden passte. Unter den Augen Tränensäcke. Ein faltiges Gesicht.«[97]

Das klingt schon weniger großzügig. Und tatsächlich erliegt Beate hier schlichtweg dem Geist der Zeit. Frauen haben einer bestimmten Schönheitsnorm zu entsprechen und die macht – trotz aller Erfolge – auch vor einer Beate Uhse nicht halt. Doch nicht nur deswegen predigt sie in ihrem 1974 erschienenen Buch »Sex in der Partnerschaft« die Arbeit an der eigenen Optimierung. Auch die Geschäftsfrau schreibt mit, wenn da steht:

»Denken Sie an Wochenzeitungen und Illustrierte, an Zeitschriften, die sich vor allem der Lebenshilfe widmen. […] In diesen Zeitschriften finden Sie auch Anzeigen bekannter Versandhäuser, in denen eine große Auswahl von Büchern über Liebesverhalten, Paarbeziehungen und erotischen Hilfsmitteln angeboten wird.«[98]

Ein Wink mit dem Zaunpfahl: Bestellen Sie den Beate-Uhse-Katalog!

Das Buch ist Sinnbild für die Schwelle, an der die Firma Beate Uhse auch steht: zwischen aufklärerisch-feministischem Idealismus, mit dem man in den vergangenen 20 Jahren noch echt gut verdienen konnte (und sich gleichzeitig in der Idee sonnen, den Menschen etwas Gutes zu tun), und der gleichzeitigen Entwicklung hin zu einer klareren Bildsprache, in der »blanker Sex« das ist, was man am besten verkaufen kann. Denn an Bildern mangelt es in ihrem kleinen Büchlein nicht, deutliche Bilder, mit ebenso deutlichen Lebenstipps: Die Ehe solle gleichberechtigt sein, ein Mann sich ebenso um Kinder und Wäsche kümmern wie eine Frau. Gleichberechtigung sei nicht immer einfach zu leben, aber man müsse sie als moderne Frau von Männern erwarten und als moderner Mann auch umsetzen können. Ein ganzes Kapitel widmet sie den damals noch als »Tabubruch« angesehenen »Intimküssen«, sie wirbt kräftig für Cunnilingus und Fellatio – mehr noch: Sie redet auf eine Art Tacheles, wie es 2019 viele Frauen noch nicht schaffen:

»Sehr häufig lehnen Frauen Cunnilingus nur deshalb ab, weil ihre Partner zu grob und ungeschickt vorgehen.«[99]

Gleichberechtigung bis zum Oralsex – das Buch ist ungemein fortschrittlich und wäre hier das Ende der Geschichte, Beate Uhse wäre wohl als feministische Ikone in die Geschichte eingegangen.

»Weibliche Interessen, Wünsche, Bedürfnisse und Gefühle sind gleichrangig mit denen der Männer. Eine gleichberechtigte Frau muss also ihre eigenen Belange genauso wichtig einstufen, wie die des Mannes, mit dem sie zusammenlebt.

Die Wirklichkeit sieht bei vielen Paaren anders aus. Fast überall stellen sich Frauen noch mehr auf die Wünsche des Partners ein, als auf die eigenen.«[100]

Amen, Schwester. Könnte man direkt meinen. Auch wenn man im 21. Jahrhundert vielleicht anmerken würde, dass diese Sichtweise etwas heteronormativ daherkommt. Aber im Kontext der 1970er vergibt man diese Beschränkung auf heterosexuelle Paare auch gern.

Gleichzeitigkeiten

Doch das Rad der Zeit dreht nicht nur an Beates Gesicht. Es dreht auch an der Art, wie über Sex kommuniziert wird und welche Bilder produziert und verkauft werden. Es ist die Ära der Pornografie – sie löst das ab, was die sexuelle Befreiung war. Sie ebnet den Weg in eine Zeit, in der Bilder immer expliziter werden und immer allgegenwärtiger.

Und wie es in der Geschichte oft geschieht, so spielen in der Entwicklung der Firma Beate Uhse und im Leben der Person Beate Rotermund viele Gleichzeitigkeiten eine wichtige Rolle.

Die Zeit der Pornowelle ist im Leben von Beate Roter-

mund als Frau und Privatperson einerseits und als Firmenchefin des größten deutschen Sexunternehmens andererseits eine Zeit voller Veränderungen. Während Anfang der
1970er Jahre die Gesetzesänderungen auf den Weg gebracht
werden und die erkämpfte Freiheit der sexuellen Revolution Eingang in die Politik findet und die überkommenen
Gesetze und Paragraphen angepasst werden, spaltet sich
die *Erzählung* über Beate Uhse allmählich von dem ab, was
in der Firma tatsächliche *Praxis* wird. 1975 ist die Zeit, in
der Beate gerade einmal drei Jahre geschieden ist und sehr
viel mit John durch die Welt reist. Es ist die Zeit, in der die
Firma Beate Uhse vor allem durch drei junge Männer gelenkt wird – allen voran Lieblingssohn Ulrich. Und der wird
bis zum bitteren Ende der Firma, die bis zur Insolvenz 2017
den Namen seiner Mutter trägt, darauf setzen, dass Pornos
in allen Varianten das sind, was die Leute wollen. Tatsächlich sieht es zu Beginn der Pornowelle auch ganz danach
aus, als sei das Geschäft mit den Filmen eine Goldgrube –
kein Wunder also, dass er auf diesen Zug aufspringt, er, der
schon in so jungen Jahren beschlossen hatte, reich zu werden, Millionen zu machen. Und es ist die Zeit, in der Beate
Rotermund als Verkörperung ihrer Firma zusammen mit
der PR-Abteilung weiterhin die Beate-Uhse-Story erzählen wird, diese schöne Geschichte von der Aufklärerin der
Nation, die gegen alle Tabus antritt und der sexuellen Befreiung in Deutschland den entscheidenden Kick gibt, obwohl die Prospekte, Videos und Waren bei Beate Uhse inzwischen längst nicht mehr Aufklärung und Partnerschaft
in den Mittelpunkt stellen, sondern den Trieb des Mannes,
den männlichen Blick, oder wie die feministische Theorie
sagt: den »Male Gaze«. »Male Gaze« bezeichnet die Art und
Weise, wie Frauen in Film und Literatur stets aus einer he-
terosexuell-männlichem Perspektive dargestellt werden,

die Frauen zu einem sexuellen *Objekt* der männlichen Lust und Begierde macht.[101] Die drei zentralen Merkmale dieses männlichen Blicks auf das »Sexobjekt Frau« sind demnach: der Mann hinter der Kamera, der Mann als Zentrum des Films und der Mann als Zuschauer. Diese drei Rollen sind laut »Male Gaze«-Theorie miteinander untrennbar verschmolzen. Der männliche Zuschauer als anvisierter Konsument des Filmes kann sich im Grunde sicher sein, dass der männliche Schauspieler im Film seine Erwartung an das »Sexobjekt Frau« tatsächlich ausführen wird und dass der Kameramann dafür sorgen wird, diese Darbietung auf die bestmögliche Art filmisch festzuhalten. Bei Beate Uhse kommt als Firma, die nun auch in die Pornoproduktion einsteigt, hinzu, dass auch der Auftraggeber und Videosparten-Chef, Ulrich Rotermund, einen männlichen Blick hat – das »Sexobjekt Frau« findet sich fortan mehr und mehr in den Angeboten, Prospekten, in der Werbung der Firma und in den pornografischen Filmen und Büchern.

Das Verschwinden des liebenden Körpers

Überall in Deutschland gibt es in den 1970er Jahren Sexshops. Mit der Pornowelle kommen neu die Sexkinos hinzu. Vor allem für ein männliches Publikum gedacht, bieten sie die Möglichkeit, Filme, die nur dem Zweck dienen, zu erregen, in einem geschützten Raum zu sehen. Das sexuelle Deutschland tritt damit in eine neue Phase ein: Nach der Aufklärung und Entspannung, der großen Konsumwelle und Revolution kommt jetzt die Pornoindustrie zum Zug und die Firma Beate Uhse wird dabei an vorderster Stelle stehen –

wie immer. Es geht jetzt nicht mehr darum, sich liebevoll an Ehepaare und junge Leute zu wenden. Nicht das Mutmachen, Entklemmen und Verhüten steht im Vordergrund, sondern jetzt geht es ums Rammeln und Ficken. Alles andere wird zum Beiwerk. In der Firmendiktion bei Beate Uhse heißt es: »Den neuen Bedürfnissen der Kunden konnten wir uns nicht verschließen.«[102]

Die Ware kam zunächst aus Skandinavien. Schweden- und Dänenpornos, die es offiziell in den Sexshops natürlich nicht geben durfte. Aber:

»Es fügte sich gelegentlich, dass der Filialleiter zufällig ein Ansichtsexemplar unter dem Ladentisch fand.«[103]

Der *Spiegel* porträtierte im Jahr 1971 die Pornolandschaft, wie sie vor der Gesetzesänderung in Deutschland war, und zeigt, dass schon zu dieser Zeit Beate Uhse »Frau Saubermann an der Spitze« des Pornomarktes war. Und dass die Erzählung der firmeneigenen PR-Abteilung mit der Wirklichkeit nur wenig gemein hatte:

»Ihre Werbeabteilung ist darauf gedrillt, sie als eine Art Frau Saubermann des deutschen Sexgeschäfts vorzustellen. Doch das Bild, das Beate Uhse von sich entwerfen lässt, ist retuschiert.«[104]

Das Angebot in Beate Uhses Sexshops sei nicht auf das beschränkt, was man in den offiziellen Listen und Katalogen sehen könnte. Unter dem Ladentisch lägen längst Filme für »kundige Kunden« bereit, die der Uhse-Konzern exklusiv habe herstellen lassen. Der Konzern bestreite das nicht einmal. Hans-Werner Melzer wird zitiert mit den Worten, es sei kein einziger Pornofilm zu verkaufen, dennoch beschreibt er die Filme als ein Angebot, das sich von den anderen absetze »durch einen Handlungsablauf, der nicht nur auf das Geschlechtliche konzentriert ist, durch hübschere und sympathischere Modelle, durch bessere technische und künstlerische Qualitäten« – ein Wording, das man noch viele, viele Jahre lang bei Beate Uhse finden wird – ob im Katalog, in Interviews oder in der Autobiografie. Schaut man jedoch in die gesammelten Pornofilme, wie sie jahrzehntelang von der Firma produziert wurden, merkt man, dass auch hier etwas retuschiert wurde. Eine Erkenntnis, die der namentlich nicht genannte *Spiegel*-Autor schon 1971 hat, wenn er schreibt:

»Wahr ist davon kein Wort. Zwar bieten Uhse-Läden auch Filme an, auf die diese Beschreibung zutrifft. Doch zum gleichen Preis sind auch andere zu haben, die sich in nichts von den Dänen-Pornos unterscheiden.«[105]

Die Dänen sind auch für Beate Uhse erste Ansprechpartner gewesen. Laut Beates Autobiografie wurde Sohn Ulrich nach Kopenhagen geschickt, dort machte die Firma »Rodox« ein Millionengeschäft mit Porno-Periodika. Wann genau das war, schreibt sie wie so oft nicht. »Rodox« wurde von zwei Brüdern geleitet, die auch mehrere Zehnminutenfilme unter der Marke »Candy Film« produzierten, jeden Tag kamen neue Schöpfungen auf den Markt. Ulrich war begeistert und knüpfte Kontakte, wo er nur konnte. Nach seinem Besuch in Dänemark flog Ulrich nach Amerika und besuchte dort die Porno-Koryphäe Reuben Sturman. Zwar gefielen ihm dessen Filme nicht so gut, aber er kommt mit einem Entschluss zurück, der die Firma kräftig nach vorne bringen wird: »Wir produzieren eigene Pornofilme«.[106] Jetzt also ist es offiziell: Beate Uhse *ist* im Pornogeschäft. 1974 war folglich für Uhse ein Rekordjahr. Und Beate beschenkt ihre Söhne mit einer Reise auf die Bahamas:

»17 Tage lang feierten wir auf einer Motorjacht die rosa Zeiten, die sich ankündigten.«[107]

In den darauffolgenden Jahren wird man bei Uhse eigene

Kinos entstehen sehen, in denen Pornos laufen, und es werden Videokassetten entwickelt. Die Porno-Videokassette gilt vielen heute als der Motor für den Trend zum Videogerät für den Heimfernseher! Ob das nicht nur ein Mythos ist, sei an dieser Stelle ausnahmsweise dahingestellt. Fakt ist, dass der Siegeszug des Videokassettenrekorders ebenfalls ungefähr 1971 begann. Wieder so eine Gleichzeitigkeit. Jedenfalls ist die Videokassette Anfang der 1980er Jahre keine Seltenheit mehr, sondern überaus etabliert. Und das nützt dem Pornogeschäft.

Die Filme, die jetzt den Markt dominieren und die auch bei Beate Uhse laufen, sind ursprünglich für Bordelle gemacht worden. Die Zielgruppe ist rein männlich, auch wenn man hin und wieder Frauen beim Masturbieren zu sehen bekommt. Annie Le Brun drückte ihr Bedauern über die neue Entwicklung mit den Worten »Der liebende Körper ist völlig verschwunden« aus.[108] Wie Le Brun gibt es viele Frauen, die mit Bedauern zusehen, wie aus der sexuellen Befreiung, die sich an Männer wie Frauen gleichermaßen wandte und die für eine neue Gemeinsamkeit und mehr Lust angetreten war, eine Objektifizierung der Frau geworden ist. Wo früher in Film und Literatur viel Fantasie gefragt war, da regieren jetzt klare und harte Bilder, Nahaufnahmen von Genitalien und schonungslose Hardcore-Szenen. Die Sexualität als Markt, wie er seit den 1950er Jahren immer weiter gewachsen war, bekam die Pornografie als Krönung.

Beate Rotermund gibt sich dieser Entwicklung voll hin. In einem Interview mit der *Bunten* sagt sie:

»Es gibt in Deutschland keine Tabus mehr. Der Reiz des Verbotenen oder des Neuen ist dadurch längst vergangen. In den sechziger oder siebziger Jahren, zu Zeiten des Oswalt

Kolle, war das noch etwas anderes.

Heute ist Sex ein Geschäft, nichts anderes. Liebe gehört in eine andere Schublade. Das Sexgeschäft heißt heute vor allem Video. Im vergangenen Jahr haben wir mit Porno-Videos noch sechs Millionen Mark umgesetzt. 1983 sind es schon acht Millionen Mark. Zwölf Filme bringen wir als Spezialanbieter jährlich auf den Markt und alle werden vorher im Kino erprobt. Alle sind erfolgreich.«

Frauen und Feministinnen gegen Pornos: PorNO – per Gesetz gegen Misogynie

Aber es gab auch eine Aufspaltung der Geschlechter: Einer Umfrage der *Für Sie* aus dem Jahr 1971 zufolge waren 72 Prozent der weiblichen Leserschaft gegen die Freigabe der Pornografie, nur 21 Prozent dafür. So nimmt es kaum wunder, dass »die Pornofrage« auch eine feministische Frage wurde.

Da die Rolle der Frauen in diesem neuen und stetig wachsenden Marktsegment einen Backlash erlitt, traten früh die Feministinnen auf den Plan. Sie forderten in Kampagnen eine Neuregelung der Pornografie. Am liebsten ein Verbot all dessen, was sie als »Pornografie« ansahen – etwas, das sie streng von »Erotik« zu trennen versuchten. Für sie war »Pornografie« vor allem jenes Material, das gewaltverherrlichend oder erniedrigend war. Oder wie Loretta Ross es ausdrückte: »Ausbeutung von Frauen«.[109]

Die größte und bis heute bekannteste Kampagne gegen Pornografie, insbesondere gegen jene Art Pornografie, in der Frauen nur als Objekt der Begierde von Männern vorkamen oder wo ihnen sogar Gewalt angetan wurde, war die Por-

NO-Kampagne, die von der *EMMA*-Chefredakteurin Alice Schwarzer ausging (und bis heute ausgeht). 1987 ins Leben gerufen, war ihr vorrangiges Ziel, eine neue Definition von »Pornografie« zu etablieren und ein Gesetz dagegen zu forcieren. Die Anhänger*innen der Kampagne betonten, dass nur »verharmlosende oder verherrlichende, deutlich erniedrigende sexuelle Darstellung von Frauen oder Mädchen in Bildern und / oder Worten« Pornografie für sie waren, die dabei eines oder mehrere der folgenden Elemente enthielten:

»1. die als Sexualobjekt dargestellten Frauen / Mädchen genießen Erniedrigung, Verletzung oder Schmerz

2. die als Sexualobjekt dargestellten Frauen / Mädchen werden vergewaltigt – vaginal, anal oder oral

3. die als Sexualobjekt dargestellten Frauen / Mädchen werden von Tieren oder Gegenständen penetriert – in Vagina oder After

4. die als Sexualobjekt dargestellten Frauen / Mädchen sind gefesselt, werden geschlagen, verletzt, misshandelt, verstümmelt, zerstückelt oder auf andere Weise Opfer von Zwang und Gewalt.«[110]

Nur wenn eines oder mehrere dieser Kriterien zutreffen sollten, fiele das Werk überhaupt unter die Definition und nur dann sollte der Gesetzesvorschlag, der unter anderem von der renommierten Juristin Lore-Maria Peschel-Gutzeit erarbeitet worden war, überhaupt greifen.

Es ging also nicht darum, all das zu verbieten, was wir heute gemeinhin als Pornografie bezeichnen würden. Es ging darum, Frauen zu schützen, denn: »Die Definition geht davon aus, daß der zentrale Sinn der Pornografie die Propagierung und Realisierung von Frauenerniedrigung und Frauenverachtung ist.«[111]

Filme, Bücher, Bilder oder Zeitschriften, die keinen der vier Punkte erfüllten, fassten die PorNO-Aktivistinnen gar nicht als Pornografie auf, sondern als normale »Erotik«. Erotik, so könnte man es abgrenzen, wahrt die Würde des Menschen – hier insbesondere die Würde der Frauen. Pornografie hingegen ist nach der PorNO-Definition ein Angriff auf diese Würde.

Und genau deswegen fand sich damals eine recht große Anhänger*innen-Schaft in der gesamten Gesellschaft, vor allem zwar Frauen, aber auch Männer wie Alfred Biolek standen hinter den Frauen. Manche mit einem »Ja, aber …«, wie der Sexualwissenschaftler Günter Amendt, der fand:

»Pornografie *ist* übel. Vieles, was ich gesehen, gelesen und gehört habe, empfinde ich als hässlich, gemein, brutal und erniedrigend. Manches ist einfach nur lächerlich. Nichts ist harmlos, denn ohne Macht und Unterwerfung, ohne Triumph und Demütigung ist Pornografie nicht denkbar, gar nicht existent. Insofern ist Pornografie nicht harmlos.«[112]

Dennoch macht Amendt sich wie viele andere Sorgen, dass viele der vorgebrachten Argumente »Totschlagargumente« seien und dass eine moralische Debatte in der Gesellschaft nur schwerlich mit der Gesetzeskeule zu lösen sei. Für ihn gilt es, Zensur zu vermeiden und auf das Mittel der Aufklärung zu setzen: »auch militante. Ein anderes politisch vertretbares Mittel kenne ich nicht.«

Doch selbst der renommierte Sexualwissenschaftler kann nicht abstreiten, dass sich nach der Sexwelle mit der neuen Pornowelle keine weitere Verwirklichung der Emanzipation der Frauen verknüpfte, sondern vielmehr das alte Machtgefälle zwischen den Geschlechtern ein neues Gesicht zeigte. Oder wie Eva Dahne es ausdrückte:

»Bei genauerer Betrachtung lässt sich erkennen, dass der Status quo in Sachen Pornografie nicht das Resultat zu weit gegangener, sondern nicht weit genug gegangener bzw. nicht konsequent genug durchgeführter Emanzipation ist.«[113]

Für diese These spricht, dass heutige Feministinnen sich intensiv mit »Pornografie für Frauen« oder gar »Feministischer Pornografie« befassen und eine eigene Sparte auf dem Pornomarkt entstanden ist, die der Erniedrigung und reinen Objektifizierung der Frau etwas entgegensetzt. Dabei ist es wichtig, zu beachten, dass die feministische Debatte seit den 1980er Jahren in vielen Teilen akzeptiert hat, dass in sogenannten BDSM[114]-Communities Praktiken an der Tagesordnung sind, die Verletzung, Schmerz, Erniedrigung oder auch die Penetration mit Gegenständen, etwa Dildos, beinhalten. Immer unter der Voraussetzung, dass solche Praktiken unter klarem beiderseitigem Einverständnis, also im Konsens, durchgeführt werden und die beteiligten »sicherheitsbewusst, mit gesundem Menschenverstand und einvernehmlich« (engl.: »safe, sane, consensual«) handeln. Dieses Selbstverständnis hat die BDSM-Community vor allem im Laufe der 1990er Jahre entwickelt – viele Lesben, Schwule, Trans* und Feministinnen zählen sich heute ganz selbstbewusst zu dieser Subkultur und sehen darin keinen Widerspruch zur Würde des Menschen.

Heute sehen wir viele Regisseurinnen mit ihren frauenfreundlichen und im Konsens aller Beteiligten gedrehten Filme auf den Pornomarkt treten, eine der bekanntesten Vertreterinnen ist Erica Lust. Ihre Filme zeigen realistische weibliche Lust und experimentierfreudige Frauen, die miteinander oder mit Männern Lust erleben, Sinnlichkeit und Spaß haben. Frauen, die einen echten Orgasmus haben, die eine aktive Rolle im Geschehen einnehmen.

Solche Bemühungen fanden sich jedoch in den Beate-Uhse-Filmen der 1970er und 1980er Jahre nicht. Das Image der Frau Saubermann, wie der *Spiegel* Beate nannte, war reine PR. In der *taz* vom 29. 9. 1986 schrieb Gunhild Schöller über ein Erlebnis, das Frauen damals miteinander teilten: Sie schauten Pornos – in Frauengruppen. Sie schauten sich (nach eigenen Angaben) willkürlich ausgewählte Filme aus der Videothek um die Ecke an. »Keine besondere Auswahl«, hieß es. Schöller schildert Szenen, die viele bis heute aus Pornos kennen: Frauen, die sich zieren, die zwar »Nein« sagen, aber dennoch alle Öffnungen mit Penissen gevögelt bekommen, Lustgewinn für Männer, keine weiteren Stimulationen für Frauen. Schöller schreibt, wie diese Filme auf sie wirken: »Beim Betrachten der Pornos wird Frauen der dünne Boden, den sie im Kampf um eine selbstbestimmte Sexualität immerhin schon gewonnen haben, weggerissen.«

Lieblos, gedankenlos seien die »Fickszenen« und Lust werde an die Lächerlichkeit preisgegeben.

»Unmöglich, an diesem Abend noch zu spüren, was ich mag, was ich will, da war nur eines: Ruhe, Abstand bekommen … und vielleicht in einigen Tagen Stärke und Selbstbewusstsein nicht nur von mir fordern, sondern wieder fühlen.«

Wie stand Beate zu den Berichten dieser Frauen? In ihrer Autobiografie schreibt sie, dass ihrer Meinung nach Frauen Pornos fast genauso gerne mögen wie Männer. Dafür zieht sie »Marktstudien« einiger Beratungsfirmen heran, die im Auftrag von Beate Uhse herausfinden sollten, wie Frauen zu den Pornofilmen stehen. Ganz konkret hat sie die Studie der Münchner »Gesellschaft für Psychologie« studiert, die für die 1980er und 1990er Jahre folgende Tendenzen gemessen haben will:

»1. Frauen sind auf dem Gebiet von Erotik und Porno die Käufer von morgen.

2. Die jüngere Generation konsumiert Sexartikel und Pornografie regelmäßig und mit großer Selbstverständlichkeit.

3. Die größte Käufergruppe gehört dem sogenannten klassischen Bürgertum an, darauf folgen Konservative, Oberschicht und Aufstiegsorientierte.«[115]

Alles super also, oder? Aber bei genauerer Betrachtung fällt auf, dass diese Studie nicht besonders aufschlussreich, sondern eher nichtssagend ist. Wenn Frauen die »Käufer von morgen« sind, bedeutet das vor allem, dass sie heute nicht oder nur in sehr geringem Maße konsumieren. In den nächsten beiden Unterpunkten spielen sie schon gar keine Rolle mehr. Auch auf den folgenden Seiten geht Beate in ihrer Autobiografie nicht weiter darauf ein, wie Frauen denn nun *tatsächlich* finden, was in den Pornofilmen des Hauses dargeboten wird. Sie zitiert zwar aus zwei Briefen von Frauen, die sich nur positiv äußern – doch was sind zwei Stimmen angesichts einer großen Kampagne gegen die Objektifizierung der Frauen in Pornos, die weit über die Frauenbewegung bis tief hinein in die SPD ihre Anhängerinnen hat? Sie beschreibt zwar, was Frauen sich in Pornos wünschen, aber mit keinem Wort geht sie darauf ein, in welchem Umfang sich Beate Uhse als Firma bemüht, diesen Wünschen auch zu entsprechen. Es ist die alte Technik der Verschleierung: Indem sie gegen das vermeintliche Tabu anschreibt, dass Frauen Pornografie konsumieren, indem sie es so darstellt, als sei das völlig normal und als seien bloß die Wünsche der Frauen ein wenig anders, verschleiert sie die Tatsache, dass die hauseigenen Produktionen ganz klar mit dem *Male Gaze* gedreht sind. Und so ist auch nur logisch, dass sie die Kritikerinnen, die immer mehr werden, nicht weiter erwähnt. Gelesen hat sie diese Kritiken, das scheint klar, denn der *taz*-Artikel wurde ausgeschnitten und aufgeklebt, vermutlich in eine Pressemappe.

Realität und Erzählung

Das Bemühen von Beate, in den Medien und in ihrer Autobiografie die eigenen Pornos als etwas darzustellen, das Frauen genauso Genuss bereitet wie den Männern, hatte Erfolg. Bis heute versuchen insbesondere Feminist*innen sich von Alice Schwarzer, *EMMA* und der »PorNO«-Kampagne abzusetzen, indem sie sich »sex-positiv« nennen, also sexuell aufgeschlossen. Dabei hat es einen »sex-negativen« Feminismus eigentlich nie gegeben. Allein die Wortschöpfung »sex-positiv« zeigt, wie sehr Menschen der großen PR-Erzählung der Pornoproduzenten auf den Leim gegangen sind. Die Wende, die es in den 1970er Jahren bei Beate Uhse gab, wird nirgends erzählt. Die Beate-Uhse-Story wirkt und wird bis zur Verfilmung mit Franka Potente weiterleben. Dabei hat die Historikerin Elizabeth Heineman zu ihrem Buch auch einen deutschen Artikel veröffentlicht, in dem sie auf das Auseinanderklaffen zwischen Realität und Erzählung hinwies. Im Gespräch gab sie zu, dass auch sie die Wende von der aufklärerischen Sprache in den Texten der Firma hin zu einer sexistischen Objektifizierung der Frau »herzbrechend« fand:

»Es bricht einem das Herz! Ich dachte: Oh nein, mach das nicht! Ich glaube, die einfache Antwort ist: Weil es ein gutes Geschäft war. Und dann gibt es sehr viele Details. Aber manchmal ist die einfache Antwort die beste Antwort. Es war ein gutes Geschäft. Und ich denke, was Beate gemacht hat, das hat sie immer schon gemacht, sie ist da immer schon zweigleisig gefahren – denn auch, als sie super freundlich war und gut für Frauen, war das sehr stark einfach ihre öffentliche Persönlichkeit.«[116]

Am Ende siegte die Nachfrage. Aus heutiger Perspektive ist das eine Entwicklung, die stutzig macht. Gerade, wenn man bislang nur die Beate-Uhse-Story kannte und vielleicht ein, zwei frühe Kataloge. Denn diese sind ja auch sehr angenehm anzuschauen gewesen – auch für Frauen.

»Die Kataloge, die sind einfach schön! Diese frühen Kataloge sind einfach: Wow – was für eine wunderbare Sexerziehung, es ist so einfühlsam! ABER: Zur gleichen Zeit wusste sie sehr wohl, wer ihre Kund*innen waren – es waren vor allem Männer. Und sie wusste, dass ihre männlichen Kunden die Bilder von nackten Frauen wollten.«[117]

Manchmal ist wahrscheinlich wirklich die einfachste Antwort die beste Antwort.

Kapitel 9:
Die Realteilung und ihre Folgen

Nachdem das Geschäft mit dem Pornofilm richtig Fahrt aufgenommen hatte, flog die Firma Beate Uhse für einige Jahre auf einer Art fliegendem Teppich. Zwar hatte die Scheidung von Ewe Rotermund das Geschäft 1971 sehr viel Geld gekostet (drei Millionen Euro, die an ihn gezahlt werden mussten und die fehlten, um zum Beispiel wichtige Investitionen im Unternehmen zu tätigen). Doch die Gründung des Beate-Uhse-Filmverleihs im Jahr 1978, die Übernahme der Ladenkette »Dr. Müller's« und die weiterhin sehr guten Vertriebsmöglichkeiten auf dem Erotikmarkt hatten dazu geführt, dass der Umsatz sich im Vergleich zu 1970 (32 700 000 Mark) bis 1984 fast verdoppelte (64 Millionen Mark). Und das, obwohl in diesem Zeitraum die sogenannte »Realteilung« fiel.[118]

1981 wurde die Firma geteilt: Sohn Ulrich übernahm mit seiner Mutter Beate die Läden, die Filmbereiche und den Großhandel. Die Söhne Dirk und Klaus bekamen den Versandhandel und den Stephenson-Verlag. Es wurde schon viel spekuliert, warum es zu dieser Teilung kam. In ihrer Autobiografie schreibt Beate:

»Alle drei Söhne arbeiteten im Geschäft in Führungsposi-
tionen und waren in ihren Ressorts erfolgreich. Aber [...] alle
drei Jungen waren sehr verschieden. Wenn ich einmal mehrere Wochen nicht im Betrieb war, entwickelten sich unterschiedliche Auffassungen und Meinungen über anstehende
Projekte und Entscheidungen, die dann bis zu meiner Rück-
kehr verschoben wurden.«[119]
Eigentlich klingt das nach keinem großen Problem, eine
solche Struktur dürfte man in vielen großen Unternehmen
finden. Doch für Beate schien es dringenden Handlungs-
bedarf gegeben zu haben.

Sie habe sich intensiv mit den Söhnen und mit Wirtschafts-
beratern, Steuerprüfern und Juristen darüber ausgetauscht,
was die beste Lösung in dieser Sache sei. Und so kam es am
Ende zur Realteilung. Diese habe es der Familie ermöglicht,
jedem der Söhne selbstständige Unternehmensteile zu über-
lassen, ohne dafür zu viel Steuern zahlen zu müssen.[120] Die Be-
triebsbereiche wurden dabei so verteilt, wie sie ohnehin schon
von den Jungen gesteuert wurden: Versand und Verlag sowie
kleinere Betriebsteile gingen an Klaus und Dirk, Film, Läden
und Dr. Müller's an Beate und Ulrich. Außerdem wurde ver-
traglich vereinbart, dass die beiden neuen Unternehmen samt
Tochterunternehmen, Beate Uhse und Orion, einander fünf
Jahre lang keine Konkurrenz machen durften. Das bedeutete:
kein Video, keine Ladengeschäfte für Dirk und Klaus und kein
Versandhandel oder Verlag für Beate und Ulrich.

Diese Entscheidung folgte auf eine Entwicklung, im
Zuge derer Beate Uhse als Firma weg von ihrem ursprünglich aufklärerischen Image, hin zu einer starken Kunden-
orientierung gewechselt hat. Dabei war es zu einer starken
Fokussierung auf den »primitiven Käufer« gekommen, wie
Elizabeth Heineman ihn scherzhaft nennt, einer, der einfach gerne Pornografie haben möchte.[121] Es trauten sich zwar

immer weniger Frauen, Paare oder wohlhabendere Leute in die Läden, dennoch gedieh das Geschäft prächtig. Das lag daran, dass es ein ganz *neues* Geschäft geworden war: Mit der Freigabe der Pornografie 1975, die aber nicht für den Versand galt, nahmen die Sexshops eine ganz neue Funktion an und der Versandhandel ging gleichzeitig merklich zurück. Als man 1972 begonnen hatte, erst in den Läden, später in den eigens dafür eingerichteten Sexkinos Pornofilme zu zeigen, klaffte die Schere zwischen Versandhandel und Sexshops / Sexkinos noch weiter auseinander, Ersterer ging weiter zurück, Letzterer boomte. Die Firma Beate Uhse, die nach der Realteilung mit den Läden und dem Filmbusiness ausgestattet war, schien im Vergleich zu Orion mit seinem Verlag und Versand bestens für die Zukunft gerüstet zu sein. Klaus und Dirk hatte man mit der Sparte bedacht, die zu schrumpfen schien. Medien und Beobachter spekulierten, ob das Zufall gewesen war, oder ob hier der »Lieblingssohn« zusammen mit seiner Mutter das größere Stück vom Kuchen bekommen hatte.

Dass hinter dieser Entscheidung, die Firma aufzuteilen, auch größere Konflikte standen, das hat Beate selbst in der Öffentlichkeit nicht weiter ausgebreitet. In ihrem im Jahr 2000 erschienenen Ratgeber »Lustvoll in den Markt. Strategien für schwierige Märkte« rät sie den Leser*innen allerdings dazu, die eigene Geschichte im Rahmen einer sogenannten »Personality PR«-Strategie geschickt einzusetzen. Auch die Familie wurde dazu instrumentalisiert, denn:

»Einen Mann hätte die Öffentlichkeit viel schneller der Geilheit bezichtigt. Aber eine Frau mit Familie und Kindern so abzustempeln, traute sich niemand.«[122]

Auch Uta van Steen, die »Liebesperlen – Beate Uhse. Eine deutsche Karriere« geschrieben hat, geht in einem Interview darauf ein:

»Ein fetter Widerspruch. Sie wollte den Flensburger Honoratioren gefallen, konnte das Schmuddel-Image aber nicht loswerden. Doch sie biss sich durch, warb mit ihrem Gesicht und der Familie. Hier der böse Sex, da die liebe Familie. Das wirkte seriös.«[123]

Doch die Offenheit hatte ihre Grenzen, von der eigenen Geschichte wurde nur so viel preisgegeben, dass das Bild der seriösen Geschäftsfrau damit gestärkt wurde. Im Zusammenhang mit der medialen Schlammschlacht rund um die Scheidung von Ewe Rotermund etwa zog sie sich für einige Zeit von der Presse zurück, »aus echter persönlicher Enttäuschung«, wie sie schreibt.[124] Deswegen ist für sie auch sehr bald klar: »Ganz Persönliches bleibt der Öffentlichkeit vorenthalten.«[125] Und genau so hielt sie es auch im Zusammenhang mit der Realteilung.

Die Realteilung und der Tod

Dass Klaus Uhse kurz nach der Realteilung gestorben ist, erfährt die Öffentlichkeit nur in einem Nebensatz der Autobiografie.

Im Juli 1984 erlag er einem jahrelangen Krebsleiden. Die Folgen der Realteilung bekam er deswegen auch nur noch am Rande mit.

Doch seine verwitwete Frau, Gabi Uhse, kann sich noch gut an diese Zeit erinnern. Ihr Mann habe unter der Realteilung sehr gelitten, berichtet sie. Auch wenn man es nicht beweisen könne: Sie sieht einen Zusammenhang zwischen dem Stress, den ihr Mann mit seinen Brüdern und der eigenen Mutter in der Firma hatte, und seinem Siegelringkarzinom im

Magen, das zu spät entdeckt wurde und ihn das Leben kostete. Gabi Uhse berichtet von Zwistigkeiten zwischen den Brüder, einem unguten Verhältnis untereinander. Klaus Uhse hat die Teilung nicht gewollt, das wusste auch Beate:

»Klaus als Einziger fand diese vorgeschlagene Konzeption [gemeint ist die Realteilung in der dann durchgeführten Variante; Anm. der Autorin] nicht so gut. Ihm hätte es besser gefallen, wenn die ganze Familie zusammengeblieben wäre. Hätte ich damals geahnt, dass Klaus am 30. Juli 1984 sterben würde, wäre die Entscheidung vielleicht anders ausgefallen.«[126]

Es ist die einzige Stelle im Buch, in der sie den Tod des Sohnes erwähnt. Es gibt keine weitere Auseinandersetzung damit, sie wechselt lieber schnell wieder das Thema und schreibt, dass die Realteilung »von der Öffentlichkeit fast unbemerkt vollzogen« worden sei und dass sie ihre Kunden nicht habe »unnötig irritieren« wollen.

Dass Klaus als Einziger die Realteilung nicht gut fand, ist eine Aussage, die im Widerspruch zu einer Aussage von Dirk Rotermund steht, doch dazu später mehr.

Ab jetzt, 1981, kämpften Beate und Ulli Seite an Seite für die Firma Beate Uhse – ohne Klaus und Dirk. Im Dezember desselben Jahres wurde aus der Firma eine Aktiengesellschaft.

Für Gabi Uhse war der Plan, aus der Firma eine AG zu machen, ausschlaggebend für die Realteilung gewesen.

»Für mich war ausschlaggebend die AG, die da im Raum stand. Der Machtanspruch seines [Klaus'; Anm. der Autorin] Bruders Ulli, Alleinherrscher.«[127]

Im Gespräch mit der hinterbliebenen Frau von Klaus Uhse wird deutlich, dass diese kein sonderlich gutes Bild von ihrem Schwager Ulrich hat:

»Ich habe immer ein sehr schlechtes Verhältnis zu meinem Schwager gehabt. Der hat immer so um sich gehauen. Aber er hatte eben bei seiner Mutter die besseren Karten.«[128]

Was Beate in ihrer Autobiografie mit den Worten »alle drei Jungen waren sehr verschieden« freundlich umschiffte, nennt Gabi Uhse »Querelen« und spricht von einem »schwierigen Verhältnis«. Eines, in dem sich Klaus und Dirk auf eine Seite geschlagen hätten, womit sie gegen Beate und Ulli standen. Sogar Adoptivsohn Dirk Rotermund habe sich irgendwann gegen die beiden gestellt, zusammen mit einigen Mitarbeitern der Beate Uhse AG, die dann lieber zu Orion gewechselt sind.

Die privaten Konflikte haben bislang ihren Weg an die Öffentlichkeit noch nicht finden können. Für viele dürften sie aber die lange erwartete Erklärung für die Realteilung der Firma Beate Uhse in Orion und die Beate Uhse AG sein. Warum sonst hätte man riskieren sollen, sich selbst zu schwächen? Und geschwächt waren nach der Teilung beide, denn sie durften fünf Jahre lang nicht miteinander konkurrieren. Für Gabi Uhse ist es Ausdruck eines »Höhenfluges« ihres Schwagers Ulli gewesen, der die Realteilung ausgelöst hat. Für sie steht fest, dass es darum ging, die anderen beiden Brüder loszuwerden.

Diese These vertritt auch Dirk Rotermund. In einem Dokument, das er angefertigt hat, kann man seine Version der Geschichte nachlesen: »Im Jahr 1981 war die Beate Uhse Gruppe zahlungsunfähig bei 15 Millionen ausgeschöpftem Kredit«,[129] heißt es darin. Die Ursache seien sehr hohe Gewinne im Jahr 1980 gewesen, was hohe Steuernach- und vorauszahlungen nach sich gezogen habe. Hier ist Rotermunds Auffassung nach eine der Ursachen zu finden. Auch wird ein »1 Millionen DM Missverständnis« angesprochen, demzufolge vor allem Klaus Uhse 1978 unter der Einstellung des Loh Zeitschriftenvertriebes zu leiden gehabt habe. Genaue Details sind in der Sache nicht zu ergründen, wichtig ist nur das Ergebnis: Klaus Uhse wird von Dirk Rotermund infolge dieses »Missverständnisses« in den Bereich Versand / Verlag aufgenommen – gleichberechtigt neben Dirk Rotermund selbst agierend. »Zu diesem Zeitpunkt hatte Bruder Ulrich schon sein Kino-Filmrechte-Schattenreich in der Schweiz«, heißt es weiter in diesem Dokument. Alle Filmrechte für den Beate-Uhse-Filmverleih seien darüber abgewickelt worden. Während in Frankreich schon Filme der Firma in Kinos liefen, stand der große Start in den USA gerade bevor, Ulrich hatte auch hier die Fäden in der Hand. »Ein ganz großes Geschäft stand bevor. […] Diese Gemengelage führte dazu, dass Ulli Beate zur Realteilung überreden konnte. Die Uhse-Läden waren damals für gut 10 Millionen DM Gewinn im Jahr. Damit war er seine Brüder (Erbverzicht wurde unterschrieben) los, Beate war zwar noch mit 50 Prozent bei ihm beteiligt, aber er war der einzige Erbe.«

Die Gesellschafterversammlung fand 1981 statt, es wurde abgestimmt. Vier Gesellschafter zu einem Stimmanteil von je 25 Prozent stimmten über die Realteilung ab. Klaus Uhse und Dirk Rotermund haben mit NEIN gestimmt, Beate und Ulrich mit JA. Anders also, als von Beate dargestellt, war Klaus nicht der Einzige gewesen, der die Realteilung nicht wollte. 50 Prozent der Stimmen reichten aber, obwohl es im Grunde eine Pattsituation gab. Damit war die Sache beschlossen – gegen die Stimmen der beiden älteren Brüder.

Da Ulrich Rotermund für ein Gespräch nicht zur Verfügung stand, bleiben die Aussagen von Gabi Uhse und Dirk Rotermund, die beide bis heute einen guten Kontakt hegen, in Teilen ungeprüft. Sie können kaum mehr auf ihren Wahrheitsgehalt abgeklopft werden. Auch Beate hat sich in der Öffentlichkeit nicht weiter zu Detailfragen in Sachen Realteilung ausgelassen. In ihren Unterlagen bleibt das Thema ebenfalls im Dunkeln.

Wir wissen nur: Dirk Rotermund ist nicht im Guten mit seinem Halbbruder Ulli auseinandergegangen: Nach der Realteilung im Jahr 1984, das Jahr, in dem Klaus starb, feierte

Dirk seine Hochzeit und lud nur Beate ein – seinen Halbbruder nicht. Dass Beate dann die Einladung mit »Ulli und ich kommen gerne!« beantwortete, war so nicht geplant.[130]

Beate und der Krebs

Nicht nur Klaus Uhse hatte mit einem Magenkrebs zu kämpfen. Er hatte Anfang der 1980er Jahre schon eine Weile die Symptome des Siegelringkarzinoms gespürt, hatte Ärzte prüfen lassen, was los sei, Magenspiegelungen gemacht – doch man fand den tödlichen Krebs zu spät. Seine Frau erinnert sich, dass man offenbar immer am Karzinom »vorbeigespiegelt« habe. Durch die Krankheitsgeschichte des Sohnes wurde Beate jedoch auf eigene Probleme im Magenbereich aufmerksam. Klaus' damalige Frau Gabi Uhse erinnert sich:

»Als wir ihn das erste Mal nach der OP in Hamburg besucht haben, im Krankenhaus, Beate und ich, da fragte sie dann auf der Rückfahrt so ganz wertneutral, so nach dem Motto: Was war denn? Wie ist dir das aufgefallen? Welche Symptome gab es? Dann habe ich ihr das alles versucht zu erklären, die ganzen Begleiterscheinungen und was wir alles unternommen haben. Und dann sagte sie: ›Ich glaube, ich habe das Gleiche.‹ Und sie fragte: ›Wie hieß der Gastroenterologe?‹ Ein paar Tage später hatte sie dann den Termin bei ihm. Danach kam sie zu mir, da lag mein Mann, glaube ich, noch im Krankenhaus, und sagte: ›Ich habe das Gleiche.‹«[131]

Bei Beate war der Krebs noch im Frühstadium. Dank der Erfahrung, die Klaus' Familie mit dessen Karzinom gemacht hatte, konnte bei Beate schnell gehandelt werden: Sie wurde vom gleichen Arzt in Hamburg operiert. Auch die Beziehung zu Klaus wurde durch die geteilte Erfahrung offenbar kurz eine etwas engere:»Mit Klaus konnte ich über meine Ängste sprechen«, erinnert sie sich in ihrer Autobiografie. »Wir waren uns so nahe in diesem Moment, wie vorher viele Jahre nicht.«[132]

Doch diese Nähe hielt offenbar nicht lange an. Den Genesungsurlaub verbringt sie mit Sohn Ulrich und dessen Frau Jutta auf den Bahamas. Sie fängt dort das Golfspielen an, blüht richtig auf:»Ich war high, weil ich dankbar war, dass das Leben es so gut mit mir meinte und ich wieder lebte.«[133]

Der Kontakt zur Familie ihres verstorbenen Sohnes wird durch die Geschehnisse nicht weiter beeinflusst. Auf die Frage, ob nach dem Tod ihres ersten Sohnes Klaus eine Veränderung in ihrer Haltung zur Familie bemerkbar gewesen sei, ob sie sich danach mehr um Gabi und deren Kinder gekümmert habe, erklärt Gabi Uhse:

»Also ich habe nicht das Gefühl gehabt, dass sie sich dann mehr gekümmert hätte oder so. Zu der Zeit, als er gestorben ist, war ja auch diese schwierige Geschichte mit der Realteilung.«[134]

Wer sich aber verantwortlich fühlte, das war Dirk Rotermund. Im Beate-Uhse-Archiv des FZH in Hamburg findet sich ein Brief, den er am 30. 9. 1985 an Beate geschrieben hatte. Darin heißt es:

»Liebe Beate,

dies ist ein Brief, den ich dir schon länger schreiben wollte.

Ich möchte mich bei dir bedanken für alles, was du für mich in den vielen Jahren getan hast. Angefangen bei den Zeiten in Braderup, Marienkirchhof, den vielen Urlauben an der Förde, Falshöft, Nesselwang usw.

Es war eine schöne Zeit. Bärbel und ich haben die Urlaube bei dir und Ewe immer mit Begeisterung erwartet. […] Welchen emotionalen und Arbeitsaufwand das für dich bedeutete, kann ich erst heute mit den eigenen Kindern nachempfinden. Du hast dich weit mehr eingesetzt, als man erwarten durfte. Das gleiche gilt für die Zeit in Rüde, der Firma usw. Es ist nicht übertrieben zu sagen, dass du mir Mutter und Vorbild gewesen bist. Im übertragenen Sinn bist du das auch für viele andere gewesen. Z. B. für die beiden Melzers. Außer dem Dank kann ich dir dafür leider wenig dafür zurückgeben.

Die Dinge haben sich falsch entwickelt. Von dir war es mit Sicherheit nicht so gewollt.

Meinen Dank an dich kann ich nach heutigem Stand nur an Jenny und Colin [die beiden Kinder von Klaus und Gabi Uhse; Anm. der Autorin] weitergeben, indem ich versuche, ihr Vermögen zu erhalten und zu mehren.

Ganz einfach ist das nicht. […]

Liebe Beate, dir möchte ich Gesundheit und alles Gute wünschen.

Herzliche Grüße

Dein Dirk«[135]

Eine neue Erzählung muss her

Schon vor der Realteilung war es durch die Fokussierung auf den »primitiven Käufer« notwendig geworden, die alte Leier von der »Aufklärerin der Nation« irgendwie den neuen Gegebenheiten anzupassen. Beate Uhse als Name, als Person und als Firma musste mit einem neuen Image ausgestattet werden. Dass es hier längst nicht mehr darum ging, die Bevölkerung aufzuklären und Paaren zu helfen, ließ sich nicht verbergen. Zumal Ende der 1960er und erst recht in den darauffolgenden Jahrzehnten die sexuelle Befreiung den Markt auch radikal verändert hatte: Wer Aufklärung brauchte, bekam sie in Zeitschriften, Büchern und Filmen; wer Ratgeber suchte, bekam auch diese am Kiosk oder in einer Buchhandlung, wer Kondome brauchte, konnte in die Drogerie gehen, und damit wurde das frühere Kerngeschäft von Beate Uhse längst von anderen aufgefangen. Man könnte sagen: Die »sexuelle Grundversorgung« der Bevölkerung war – vielleicht auch ein bisschen dank Beate und ihren Kämpfen vor Gericht – inzwischen gesichert. Jetzt mussten neue Begierden geweckt und neue Interessen bedient werden. Die alten Klassiker der sexuellen Aufklärung lockten längst niemanden mehr hinter dem Ofen hervor, oder wie Hansi Thomsen im Gespräch mit Elizabeth Heineman es ausdrückt:

»Van de Velde und ›Unter vier Augen‹ und ›Unser Geschlechtsleben‹, das hätte heute überhaupt keine Chance mehr.«[136]

Und mit dieser Veränderung wird Beate als Firmenchefin mit einem neuen Image versehen: Aus der »Aufklärerin der Nation« wird die »wahnsinnig erfolgreiche Geschäftsfrau«. Man bewundert sie nun nicht mehr in erster Linie für ihren Mut und Pioniergeist, jetzt bewundert man sie für ihre Millionen, für ihren Geschäftssinn und für ihren Ehrgeiz.

Diese veränderte Erzählung findet sich auch in einem Artikel aus der *ZEIT* von 1985:

»Daß sie Geschäfte mit Sex macht, von Feministinnen hart attackiert wird, die ihr Frauenfeindlichkeit und die Degradierung der Frau zum Lustobjekt vorwerfen, sieht sie ganz unverkrampft. Denn, so bekennt sie freimütig: ›Ich bin nicht Jesus, sondern Unternehmer.‹ Und genau in dieser Funktion gelang es ihr – bis dato beispiellos –, auch den Mann zum Objekt ihrer finanziellen Gewinninteressen zu machen.«[137]

Der TV-Journalist und Produzent Jürgen Hobrecht besuchte Beate Uhse einst in ihrer Firma, sein Filmteam ist dabei und macht Aufnahmen, wie sie »besonders geschmacklose« Videokassetten in die Hand nimmt. Er befragt sie nach ihrem privaten Verhältnis zur Erotik, worauf sie offenbar etwas verärgert abwinkte und zurückgab:

»Wenn Sie eine Boutique führen und für Sie ist das kleine Schwarze und das Perlenkettchen das Optimum, dann müssen Sie trotzdem die verlotterten Jeans haben und so geht es mir auch. Ich kann nicht nur das führen, was mit meinen erotischen Wünschen übereinstimmt, sondern ich führe das, was der Kunde wünscht.«[138]

Hobrecht und sein Team hakten dennoch nach, sie wollten wissen, wie Beate zu den Pornos stehe, die sie gerade in der Hand hielt, laut Hobrecht eine Kassette mit dem Titel »Asian Teens«.

»Ich weiß, dass es das gibt und ich akzeptiere, dass es das gibt. Ich persönlich interessiere mich nicht dafür und damit ist das Thema für mich durch. Basta!«[139]

Beate war nun nicht mehr die Frau, die mit der eigenen Person hinter jedem der Produkte stehen konnte oder wollte, die in ihrer Firma verkauft wurden. Damit war endgültig Schluss. Sie war die Geschäftsfrau geworden. Und das bedeutete für sie wie selbstverständlich, sich nach der Nachfrage zu richten. Hobrecht zitiert Oswalt Kolle, der über Beate Uhse gesagt haben soll:

»Ich habe erlebt, dass sie im Grunde genommen viele der Dinge, die sie in ihrer Firma verkaufte, eigentlich nicht so mochte.«[140]

In einem Interview mit Elizabeth Heineman berichtete der ehemalige Mitarbeiter der Firma Beate Uhse, Hansi Thomsen, ein wenig bedauernd:

»Die Pionierzeit, ja die, die war eben deswegen schön, weil man noch keine gegangenen Pfade vor sich hatte. Denn wir sind ja Wege gegangen, wo noch kein anderer war. Sodass wir [...] dafür sorgten, dass es mit der Aufklärung in Deutschland weiterging. Dass wir Tabus verringerten und abbauten. Die Homosexualität und all diese Dinge, da ist Beate Uhse ja wirklich Pionierin gewesen auf diesem Sektor. Und da im Team zu sein und so was mitzuerleben, das war schon was Gutes. Und später war das ja nur noch der Wettstreit mit Konkurrenten, mit Mitbewerbern, immer der Bessere zu sein [...]«[141]

Der Wettstreit und die Rivalität nun vor allem auch mit den eigenen Kindern, die jetzt auch zur Konkurrenz gehörten und die durchaus versuchten, mit ihrem Orion-Versand das alte Bild neu aufleben zu lassen, das auch Beate Uhse einst gepflegt hatte: Die liebevoll-freundliche Erotikfirma, bei der sich auch Kundinnen wohlfühlen konnten.[142] »Wir wollten softer sein als Uhse, die viel mit Pornofilmen und Pornokinos damals in die Presse gingen.«[143]

Bei Beate Uhse selbst, der Firma, die von Ulrich und Beate geleitet wurde und die nun eine AG geworden war, hat die Pionierzeit endgültig ein Ende. Dieser Teil der Geschichte war mit der Freigabe der Pornografie, mit dem Engagement Ulrichs im Pornogeschäft und schlussendlich der Realteilung endgültig abgeschlossen.

Als Geschäftsfrau musste Beate nun schauen, dass die Aktiengesellschaft lief und die Gewinne weiter stiegen. Das Streben nach Geld hat das Streben nach Aufklärung endgültig verdrängt. Vielleicht war diese schon immer nur ein nützliches Beiwerk zum Geldverdienen gewesen, ein Geschäftsfeld, das man pionierhaft erobern konnte. Jetzt braucht sie jedenfalls bei Beate Uhse keiner mehr.[144]

Kapitel 10:
Das Leben nach den Tabus

Nach der Freigabe der Pornografie in Deutschland und der Realteilung im Hause Uhse, nachdem eine neue Erzählung für das neue Geschäftsfeld der Firma und der Rolle Beates darin gefunden war, endete gewissermaßen der Teil der Geschichte der Person Beate Rotermund, den man unter dem Titel »Ein Leben gegen Tabus« fassen kann. Beate ist nun einfach nur noch Geschäftsfrau, »Sex sells« ist das neue Motto. Tabus müssen nicht mehr gebrochen werden, das große Kämpfen, vor Gericht, gegen christliche Moralapostel in der Politik oder auch gegen die Tabus in den Köpfen der Menschen ist seit dem Ende der Sexwelle vorbei, die Befreiung ist geschafft, die Menschen können sich überall über Sex informieren und mit Produkten rund um den Akt überall versorgen, sogar in ganz normalen Drogerien. Jetzt geht es darum, Geld zu verdienen, der größte Player in Europa zu sein und zu bleiben, die Kundengier nach sexuellen Anreizen zu bedienen und sei es mit »Asian Teens«.

Beate ist nun eine Frau, deren öffentliches Leben auf zwei Themen fokussiert ist: Geld verdienen und Sport. Die Öffentlichkeit wird bespielt mit Büchern über das große Geschäft mit der Lust, mit Fotos vom Wasserski, Tennis und Tauchen,

Beate ist gefragte Auftragsrednerin, aber in der Firma redet ihr Sohn Ulrich jetzt eher von »Denkmalpflege«, wenn es darum geht, sie zu integrieren. Schon als Beate 70 wurde, also im Oktober 1989, kurz vor der Wende, sprach er sie darauf an, ob sie sich nicht vielleicht langsam doch einmal aus dem Geschäft zurückziehen wolle:

»›Mutt‹, mahnte mich mein Sohn Ulli ein ums andere Mal, ›warum trittst du nicht kürzer?‹ In den Wochen vor meinem siebzigsten Geburtstag wurde er deutlicher: ›Mensch Mutt, du hast dir doch wirklich ein bequemeres Leben verdient. Hör doch mit der Arbeit auf!‹«[145]

Tatsächlich war das für Beate keine Option, auch nicht mit 70 Jahren, sie fand die Idee, ganz aufzuhören, »unheimlich«. Zwar hatte sie ein Leben voller Hobbys und Reisen, ein Ferienhaus in Florida, Tennis, ihren Garten, Golf, Wasserski, das Fliegen natürlich – doch sie konnte sich ein Leben ganz ohne Arbeit nicht vorstellen: »Die Arbeit erfüllte mich, gab mir Stabilität.«[146]

Alt werden war Beate insgesamt nie ganz geheuer. Für die Enkel zum Beispiel war es ein klares Tabu, sie »Oma« zu nennen, dagegen wehrte sie sich und bestand darauf, Beate genannt zu werden, wie Gabi Uhse berichtet:

»Sie sagte: ›Und Kind, wenn du jemals zu mir Oma sagst, dann sage ich in Zukunft nur noch Enkel.‹ Sie war für alle Kinder auch nie Oma. Egal, ob das die Kinder von Ulli waren oder meine. Die haben immer nur Beate gesagt. Alle sagten Beate, im ganzen Freundes- und Bekanntenkreis, selbst die eigenen Kinder.«[147]

Das berichtet auch Philipp Rotermund, Ulrichs Sohn, gegenüber der *Mallorca*-Zeitung:

»Sie war keine Großmutter im klassischen Sinne. Mit ihr war es anders. Oma oder Omi zu sagen, war zum Beispiel streng verboten. Deswegen war sie eben Beate. Sie hat mit uns zusammen Sport gemacht. Als wir noch klein waren, hat sie gefragt, was wir später werden wollen, und hat uns erzählt, wie es im Berufsleben so ist. Sie war komplett anders. Wir fanden sie immer cool.«[148]

Die Firma war neben dem Sport für Beate die Hauptversicherung gegen zu arge Alterserscheinungen, wie sie auch in ihrer Autobiografie schreibt:

»Wenn man geistig nicht mehr gefordert wird, sich nicht mit neuen Dingen und den Realitäten unserer Welt auseinanderzusetzen hat, schlafft man ab. Und wer will das schon?«[149]

Die Wende reiten

Eine große Herausforderung für Beate Uhse kam unverhofft 1989 – kurz nach Beates 70. Geburtstag. Gerade war ihre mit Ulrich Pramann verfasste Autobiografie bei Ullstein erschienen, die Erstpräsentation hatte im Presseclub des Axel-Springer-Verlags stattgefunden, im Verlagshaus, in der damaligen Kochstraße, von wo aus man das geteilte Berlin sehen konnte, die Mauer und den Todesstreifen, ganz in der Nähe vom Checkpoint Charlie. Beate stand mit John, sie tranken aus ihren Sektgläsern und John fragte:»Beate, wann wird diese Mauer fallen? Wann werdet ihr wohl wieder ein Berlin haben?« – eine Frage, die Beate naiv findet, aber auch typisch für John.[150] Sie antwortete knapp: niemals.

Aus diesem»niemals« wurden zwei Wochen, dann kam die überraschende Wende. In der Nacht vom 9. auf den 10. November 1989, Beate wieder in Flensburg, wurde es in allen Programmen übertragen: Die Grenze wurde geöffnet und Menschen kamen von Ost nach West. Millionen Menschen konnten es gleichzeitig nicht fassen und waren allesamt voller Freude. Doch Beates Geschäftssinn war auch sofort geweckt: »Ich wusste in diesem Moment, dass 16 Millionen DDR-Bürger, die durch den Fall der Mauer gerade ihre Freiheit gewonnen hatten, natürlich auch potentielle Beate-Uhse-Kunden sein würden.«[151] Am nächsten Morgen machte sie gleich zusammen mit Hansi Thomsen Nägel mit Köpfen. Sie beschlossen, so schnell es ging mit 25 000 Beate-Uhse-Katalogen nach Berlin zu fahren, dort verteilten sie die Kataloge an der Gedächtniskirche – und sie druckten umgehend 600 000 neue. Um den Jahreswechsel 1989/90 herum fuhren sie mit LKWs voller Kataloge in die größten Städte der DDR, Leipzig, Dresden, Halle oder Karl-Marx-Stadt. Zuerst verkauften sie einen Katalog noch für fünf Ostmark pro Stück, dann verschenkten sie schließlich alle.[152] Geschickt führte Beate Interviews mit ostdeutschen Journalisten, um gleich gute Presse zu bekommen.

Die Wende war für das Flensburger Unternehmen dann wirklich ein großes Glück, nicht nur wegen dem längst überfälligen Ende der deutschen Teilung an sich, sondern vor allem, weil dank der schnellen PR-Aktionen die Ostdeutschen scharf auf Sexartikel waren. Diese waren im sozialistischen Osten nämlich Mangelware gewesen und so bildeten sich lange Schlangen vor den Beate-Uhse-Läden in Grenznähe. Dabei war überhaupt keine Prüderie bei den Ostdeutschen feststellbar. Durch einen Artikel, der Ende November 89 in mehreren ostdeutschen Zeitungen über das Sexunternehmen in Flensburg erschienen war, wussten die Ossis Bescheid – in den ersten drei Tagen nach diesem Artikel trudelten aus dem Osten hunderte Bestellungen ein. Beate ist zuversichtlich.

»In der DDR gibt es kein Unternehmen und keine Produkte, die sich mit den unsrigen vergleichen lassen. Aber die Entwicklung ist hinreißend und die DDR braucht keine 20

Jahre, um dieselbe Entwicklung durchzumachen wie wir. In der DDR ist unser Konzern auch sehr bekannt.«[153]

In einer Karikatur von Hans Tischler aus der Zeitschrift *MAD* hieß es sogar »Deutschland einig Beate-Land«. Und dann im Januar 1990 die Nachricht: »Beate Uhse liefert in die DDR«![154]

Rund 7 500 Bestellungen waren eingegangen, so das *Flensburger Tageblatt*. Die Rechnung möge recht bald in Westgeld beglichen werden. Alternativ wurden auch Ostmark im Verhältnis 1:3 genommen.

Am 11. April 1990 sprach Beate in einem Interview mit *Quick* von 500 Bestellungen pro Tag aus der DDR – das war kurz nachdem die Firma im März vier LKWs mit 160 000 Katalogen nach Dresden, Leipzig, Halle und Erfurt geschickt hatte. Es wird berichtet, dass sich beim Verteilen Menschenschlangen von 200 bis 300 Metern gebildet hätten.

Vor der Wende war der Jahresumsatz bei Uhse 89 Millionen DM gewesen, im Jahr der Wende, 1989, hatte die Beate Uhse AG einen Jahresumsatz von 107 Millionen DM. Und 1990, nachdem auf einen Schlag durch die Katalogaktion und den Hunger der Ostdeutschen nach Sexartikeln ganze zwei Millionen Neukunden dazugekommen waren, sogar 115 Millionen DM. Auch wenn die Ostdeutschen mit den »paar Kröten«[155] nicht gerade viel kauften, so kauften sie doch gerne und ohne Hemmungen.

Sogleich wurde in der Firma Informationsmaterial beschafft: »Wie Sie bei Geschäften mit der DDR die größten Steuervorteile erzielen …« lautete eine Broschüre für westdeutsche Firmen, die sich auf dem ostdeutschen Markt umzutreiben gedachten.[156] Oder: »Ihr Fahrplan für das DDR-Geschäft« – Beate Uhse hat nicht lange gefackelt – die Gelegenheit beim Schopfe packen, das ist Beate, das kann sie am besten. Schon immer. Ein Zeitungsbericht vom Juni 1990 zitiert sie mit:»Wir planen circa 20 Läden in der DDR.«[157] Nicht lange fackeln, so die Devise der Geschäftsfrau.

Den Osten hat sie also schnell erobert, aber nicht nur die Mauer war gefallen, auch der Eiserne Vorhang insgesamt, und so stand für Beate fest: Weiter in den Osten! In *Profil* von 1990 wird getitelt: Rotermund will Osteuropa mit ihrem Erotikgeschäft beglücken. Sie soll gegenüber der Zeitschrift in Wien gesagt haben:»Ich bin ganz scharf auf Russland … dieser Riesenmarkt, auf dem sich unser Geschäft lohnen würde.« Beate, das ist typisch, denkt immer gleich einen Schritt weiter.

Dirk Rotermund berichtete, dass auch Orion versucht hatte, in den Osten Europas zu gehen – aber so richtig gelohnt hat es sich wohl nicht.

Zwischen Sport und Einsamkeit

Wenn man die Publikationen aus den 1990er Jahren liest, die sich mit Beate beschäftigen oder in denen Beate über ihr Leben berichtet, dann sticht der Faktor »Sport« stets stark hervor. »Sie war ja eine große Sportlerin, aber es kam ihr nicht nur auf die Freude am Sport an, sondern jedes Mal wollte sie etwas Besonderes leisten. Sie war eine Kämpferin, auch im Sportlichen«[158], so der Schwager, Horst Frank.

Schnorcheln und Tauchen begeistert viele Menschen, aber als Beate sich vornahm, im Rahmen eines Trips auf die Malediven auch damit anzufangen, stellte sich ihr eine Hürde in den Weg: Sie war bereits 76 Jahre alt und die Tauchregeln besagten, dass keine Anfänger*innen über 70 Jahren den Kurs belegen dürften.[159] Hier ist sie wieder: Die Gelegenheit, etwas Besonderes zu leisten. Durch einen Trick schaffte Beate es, doch mitmachen zu dürfen: Der Kurs wurde eigentlich nach den amerikanischen Tauchregeln gegeben, also denjenigen mit der Altershöchstgrenze. Der Chef der Tauchschule allerdings war ein Deutscher und die deutschen Tauchregeln kennen lediglich eine Untergrenze von 16 Jahren – die hatte Beate schon 1935 erreicht! Und so lernte Beate tauchen.

»Gleich beim ersten Mal habe ich eine Moräne in ihrem Loch beobachtet. Und schon beim fünften Mal bin ich auf einem Rochen geritten.«[160]

Tauchen, Golf, aber auch Tennis waren ihre große Leidenschaft. Vor allem Letzteres war in Florida, wo sie häufig war, ihre Hauptbeschäftigung in der Freizeit. Denn:»Beate Rotermund, Inc.«, eine von ihr eigens zur Vermietung einer dortigen Ferienanlage gegründete Firma, gehörte (1983 gibt es einen Beleg) das »Tropical Hut Reality« am Fort Myers Beach in Florida. Im Übrigen ein super Geschäft: Beate hat für 500 000 USD in Florida ein Grundstück samt Haus gekauft und später dann für 2,3 Millionen wieder verkauft. Angeblich, ohne dafür Steuern zahlen zu müssen, aufgrund der US-Gesetzgebung. Jedenfalls war Florida ein beliebter Ort, an den sie auch viele andere einlud: Freunde, Familie oder Mitarbeiter*innen.

Im Beate-Uhse-Archiv des FZH in Hamburg fand sich ein ganzes Reisetagebuch einer Besucherin dieser Anlage in Florida (leider ist nicht erkenntlich, um wen es sich handelte), aus dem hervorgeht, dass dort wirklich *täglich* mit Beate Tennis gespielt werden musste. Auch Gabi Uhse erinnert sich lebhaft an die Zeit dort:

»Wenn wir mit ihr in Florida waren, früher, als mein Mann noch lebte, da sagte sie immer abends, bevor wir uns dann alle ins Bett begaben: ›So. Und was machen wir morgen?‹ Und bevor sie eine Antwort bekommen hat, hat sie gesagt: ›Und wir beide gehen morgen früh um acht auf den Tennisplatz!‹«[161] Auch Mitarbeiter Hansi Thomsen und seine Frau waren regelmäßig mit Beate unterwegs: »Wir haben viele Wochenenden zusammen verbracht, mit meiner Frau. Wir haben zusammen Tennis gespielt, wir haben zusammen Motorbootfahrten gemacht, in Schweden. Ich hab Beate mit meiner Frau zusammen Weihnachten und Ostern besucht in Fort Myers Beach in Florida.«[162] Sie hat alle gefordert und eingespannt, still rumsitzen war nichts für sie. Auch wenn sie die ganze Familie und einige Mitarbeiter in Rüde am See einlud, am Wochenende, dann war das für die Gäste keine entspannte Gartenparty, wie Dirk Rotermund berichtet:

»An so einem typischen Sonntag in Rüde am See mit dem Tennisplatz: Wir drei Söhne mussten uns abwechseln mit dem Tennisspielen. [Jeder] eine Stunde mit Beate – also drei Stunden; dann musste Herr Melzer mit ihr 'ne Stunde spielen, dann Frau Melzer, dann Jutta Thomson und so weiter …«[163] Seufzend ergänzte Rotermund: »Sie brauchte das. Ich brauchte das nicht.« Und es war ihm in seiner eigenen Firma auch überaus wichtig, seine Mitarbeiter nicht dazu zu nötigen:

»Die Führungsriege [von Beate Uhse] musste ständig antreten am Wochenende, zum Tennisspielen, und dann saßen sie und redeten wieder über die Firma. Ich habe gesagt, als ich dann Chef hier bei Orion war, das will ich niemals mit meinen Mitarbeitern machen! Was 'ne Unverschämtheit von Beate, das Leben der Mitarbeiter so zu vereinnahmen, aber sie kannte das vom Bauernhof nicht anders – so war das.«[164] Solche Anekdoten über Beates Sporttrieb sind zahlreich. Mit Sport und gemeinschaftlichen Aktivitäten versuchte sie stets, andere um sich zu scharen – so, wie sie es vielleicht wirklich vom Bauernhof ihrer Eltern her kannte, wo alle gemeinsam wohnten und alles miteinander teilten und unternahmen. Oder aus den frühen Jahren in den Landschulheimen, wo Sport das Miteinander der Schüler*innen festigte, wo es zum Alltag gehörte, miteinander zu büffeln und dann miteinander wettzukämpfen. Auch die Familie sollte nach ihren Vorstellungen so nah beisammen wohnen, wie damals in Wargenau auf dem Hof. Gabi Uhse erzählt:

»Sie hatte immer die Idee: Hier zwischen Glücksburg und Rüde gibt es ein großes Gelände, das wollte sie kaufen und ein Familienzentrum bauen, für alle Kinder rundherum. In der Mitte ein Bauernhaus oder ein riesiges Anwesen. Das sollte wohl verkauft werden, ich weiß nicht, ob es verkauft ist. Hat mich auch nie interessiert, weil ich gesagt habe, das mache ich nicht. Ich ziehe nicht mit Ulli und Beate auf ein Grundstück, geschweige denn in so ein Familienzentrum.«[165]

Leute um sich zu scharen, das war Beates Art, um nach der Scheidung von Ewe und der Trennung von John nicht so einsam zu werden. Gabi Uhse:

»Grillabende waren für sie natürlich immer wichtig. Ihre Einsamkeit … sie hatte ja Ulli auf dem Gelände, Ullis Frau und die beiden Kinder von Ulli. Und sie ist, wie gesagt, viel in Florida gewesen. Sie hat dann auch angefangen, ihre Tauchkurse zu machen. Und ist in der Zeit sehr viel unterwegs gewesen. Sie war eigentlich immer offen mit Menschen. Sie hat immer Leute um sich geschart. Eine Freundin von mir, Petra, und Uwe, der ist auch Pilot, mit denen ist sie dann in Florida gewesen. Hansi Thomsen, der inzwischen verstorben ist, und seine Frau Jutta, die haben zusammen Golf gespielt, die sind auch zusammen in Florida gewesen und haben Reisen unternommen. Aber es fehlte ihr ein Partner. […] Sie hat dann alleine in ihrer kleinen Kaminecke gesessen. Also das, glaube ich, war für sie schon einsam.«[166]

In ihrer Autobiografie beschreibt Beate – neben diesen vielen Aktivitäten mit Familie, Freunden und Mitarbeiter*innen –

auch immer wieder die Firma als ihr »Kind«, doch dieses Kind entfernt sich immer weiter von ihr. Ulli ist nun am Ruder. Gabi Uhse hat das nur aus der Ferne beobachtet, ihre Einschätzung: »Ich kann mich erinnern, die letzten Jahre, die sie in der Firma war, ich weiß gar nicht, wer diesen Begriff geprägt hat, Ulli? ›Was macht Beate eigentlich noch in der Firma?‹ Dann hieß es immer: ›Denkmalpflege‹. Sodass ich auch dachte: Das ist Sünde, sie wird da von Ulli so ganz langsam in die Ecke gedrängt.«[167]

Einsamkeit war ein Thema bei Beate, das geht auch aus den Unterlagen im FZH hervor. Zum Beispiel gab es da den Kontakt zu einer Partnervermittlerin. Eine etwas tragische Geschichte. Ähnlich wie sie John, der Ende der 1990er Jahre um etwas Geld gebeten hatte, eine schroffe Abfuhr erteilte (vgl. Kapitel 7), verstand sie auch gegenüber der Partnervermittlerin keinen Spaß, als es ums Geld ging. Die hatte sich nämlich von Beate in Zeiten finanzieller Sorgen ein paar Tausend DM geliehen und, wie aus einem Briefverkehr hervorgeht, nicht im vereinbarten Zeitraum zurückgezahlt. Als Entschuldigung schrieb die Partnervermittlerin immer wieder Karten zu Festtagen, wo sie versuchte, Beate zu vertrösten und um Aufschub zu bitten. Ohne Erfolg: Die Millionärin schickte nach einem guten Jahr den Gerichtsvollzieher vorbei, um die Sache zu klären.

Dass sie sich einen neuen Partner an ihrer Seite wünschte, daraus machte Beate keinen Hehl. Auch in der Öffentlichkeit gab sie das offen zu, so schrieb eine Zeitung im Jahr 1999: »Beate Uhse: Probleme bei der Partnersuche«:

»Die Vorreiterin des deutschen Erotikmarktes, Beate Uhse, hat offenbar Schwierigkeiten, einen geeigneten Partner zu finden. In ihrem Alter gäbe es ›schon ein paar Probleme mit gleichaltrigen Männern‹, sagte die 79-jährige Chefin des gleichnamigen Erotikkonzerns der Illustrierten *Bunte*. Viele von ihnen könnten ihr Tempo nicht mithalten. ›Und wenn sie noch fit sind, suchen sie sich eine junge Frau mit dickem Busen und glatter Haut. Das hebt natürlich die Potenz‹, sagte sie. ›Wenn Sie jemanden kennen, der sportlich genug für mich ist, der soll sich ruhig melden.‹ Zur Ruhe setzen möchte sich Beate Uhse jedenfalls noch lange nicht.«[168]

Sie hatte es nicht einfach. Aber eben doch einfacher als andere einsame Frauen ihres Alters, denn so eine Partnersuche mit Hilfe der *Bunten* erreicht direkt ein anderes, größeres Publikum, eine Möglichkeit, die den meisten Menschen nicht zur Verfügung steht. Und in der Tat meldete sich einer, der – ebenfalls 79 Jahre alt – meinte, mit Beate Uhse mithalten zu können – auch sportlich! Sein Brief wurde offenbar zu Beate weitergeleitet und in ihm finden sich einige, von Beate rot unterstrichene Stellen, etwa:

»In folgenden Sportarten bin ich noch aktiv: Tennisspielen, Radfahren, Schwimmen, Surfen, Segeln, Schlittschuhlaufen, Schilanglauf, Wandern, Gymnastik und Tanzen ...«[169]

Weiter unterstrich Beate rot:

»... ich bin reisefreudig im In- und Ausland ... den Segel-ff-Sörfschein habe ich 1988 gemacht ... Ich bin Ingenieur, bis zum Jahre 1996 war ich noch unternehmerisch tätig ... schlank, 1,68 m groß.«

Ein Foto lag bei. Der Mann trug außerdem den Namen eines bekannten deutschen Komponisten.

Und Beate antwortete, auch sie legte ein Foto bei und ging auf den Brief freundlich ein. Nur:

»Unser Problem wird sein: Auch wenn unsere Interessen ähnlich sind – Ihr Heimatort und Flensburg liegen sicher 1000 km [unterstrichen im handschriftlichen Original] auseinander. Wie gehen wir mit dieser Entfernung um?«

Dann erzählte sie noch ein bisschen von sich:

»Zu Beate [unterstrichen im handschriftlichen Original] werde im Oktober 80. Rauche nicht, trinke wenig, esse gesund aus meinem biologischen Garten. Sport: Golf – Tauchen – Wassersport. Früher viel Tennis. Hab jetzt Sorge, dass die Stops schlecht für die Knie sind. Natur – Garten – Reisen mag ich. Große Familie, 9 Enkel, 1 Urenkel. Sind aber alle selbständig, ich lebe allein hier am Meer.«[170]

Ein bisschen wortkarg vielleicht, doch am Ende fragte sie noch, wie er sich das mit dem Kennenlernen vorstelle und klebte einen Sticker mit ihrer Anschrift auf den Brief. Und so ging es noch ein wenig hin und her – der Herr schien Beate Freude zu machen, zudem stellte sich heraus, dass er aus Oberschlesien kam, dass er auch im Krieg gewesen war, Kinder hatte, für die er das alleinige Sorgerecht bekommen hatte nach der Trennung von deren Mutter, dass auch er schon Enkelkinder (3) und Urenkel (2) hatte, und zum Schluss: Als Hochwassergeschädigter, der gerade in einer Ferienwohnung Untermieter war, würde es ihm nichts ausmachen, in den Norden zu ziehen. Die Brieffreundschaft hielt ab hier nicht mehr lange, am 14. August 1999 schickte Beate ihrem Brieffreund alle persönlichen Unterlagen zurück, die sie von ihm erhalten hatte, und wünschte ihm noch alles Gute. Ihr 80. Geburtstag stand nun schon vor der Tür, was einen großen Medienrummel mit sich brachte. Offenbar fehlten ihr am Ende doch Zeit, aber auch Interesse, um ihrer Einsamkeit durch ein mögliches Kennenlernen ein Ende zu setzen.

Börsengang, Ehrenbürgerschaft und die Goldene Venus

Sosehr sie in den ersten Jahren ihres Geschäfts um Reputation, Respekt und Anerkennung kämpfen musste, sosehr wurde

Beate in ihren letzten Lebensjahren damit überhäuft. Schon beim 50. Firmenjubiläum im Jahr 1996 gab es viel zu feiern: Neben dem halben Jahrhundert, das Beate nun schon als Geschäftsfrau auf dem Buckel hatte, konnte sie außerdem der Eröffnung ihres 60. Beate-Uhse-Ladens und der des Erotikmuseums in Berlin beiwohnen. Direkt neben dem Museum: ein Shop, in dem man sich mit Spielzeugen, Filmchen und Unterwäsche eindecken kann, falls man beim Durchschreiten der 1800 Quadratmeter Ausstellungsfläche auf Ideen gekommen ist. Immerhin gab es dort laut Zeitungsberichten »Vitrinen mit Balinesischen Keuschheitsgürteln, chinesischen Rollenbildern aus dem 18. Jahrhundert, Seidenmalereien, Aktpostkarten ...« und vieles mehr zu sehen.[171]

Doch nicht nur die Vergangenheit wurde bei Uhse ausgekostet (mit 10 Euro Eintritt pro Person für das Museum gar nicht mal so billig), auch die Zukunft wurde fleißig antizipiert und das bedeutete: Präsenz im Internet zu zeigen! Denn es war ja so: Von Mitte der 1990er bis in die 2000er Jahre hinein war es beinahe Volkssport, als Erster bestimmte Domains im World Wide Web zu besetzen. Und nun raten Sie einmal, wem die Domain www.sex.de gehörte? Neben über hundert anderen Domains, die sich das Unternehmen treffsicher gesichert hatte, gehörten www.sex.de und natürlich auch www.beate-uhse.de der Firma Beate Uhse.

Genauso modern wie das Sichern begehrter Domains war es in den 1990er Jahren, als Konzern an die Börse zu gehen. Viele erinnern sich noch an den Börsengang der Deutschen Telekom 1996. Auch Beate Uhse sollte 1999 an die Börse gehen. Die Meldungen in den Zeitungen von damals klangen euphorisch: Bis zum Mittag waren knapp 800 000 »Erotik-Aktien« umgesetzt worden. »»Auf dem Parkett war eine Menge los, das hatte ich lange nicht mehr gesehen‹, sagte ein Börsianer und fügte hinzu: ›Das war ja fast so wie beim Börsengang der Telekom.‹«[172] Was es für ein Spektakel gewesen sein muss, berichtet der *Tagesspiegel* aus Berlin:»Einen solchen Andrang bei einer Emissionspressekonferenz eines für die Börse nicht gerade großen Unternehmens hatte es in Frankfurt lange nicht gegeben. Rund ein Dutzend Kamerateams stritten sich um die besten Plätze im 49. Stock der Commerzbank-Zentrale, als sich am Mittwoch Beate Uhse präsentierte. Der Preis der Aktie soll zwischen 6,00 und 7,20 Euro liegen. Junge, langbeinige Damen in knappen roten Kleidchen begrüßten Banker und Journalisten«[173] – die Inszenierung schien zu wirken, die Händler kauften:»Die Aktien des Flensburger Erotik-Unternehmens Beate Uhse AG haben sich gleich am ersten Handelstag im Wert verdoppelt. Nach einem Ausgabekurs von 7,20 Euro (14,10 DM) schoß das Papier wie von vielen Händlern erwartet in den Mittagsstunden auf bis zu 14 Euro hoch. Der erste notierte Kurs um 12.06 Uhr lag an der Frankfurter Börse bei 13,20 Euro. Das machte für die Aktienbesitzer eine Rendite von rund 85 Prozent vom Ausgabekurs.«[174] Und am Ende des Jahres lautet das Resümee:»Der ganze Trubel hat sich für das Unternehmen gelohnt: Der Börsengang brachte ihm rund 63 Millionen Euro ein. Nachdem das Unternehmen bisher im SMAX, dem Börsensegment für kleine Unternehmen, notiert war, ist es Anfang dieser Woche, am 20. Dezember, in den gewichtigeren M-Dax aufgerückt, in dem sich größere und angesehenere Firmen finden.«[175]

Allzu lange hielt das Hoch nicht. Bereits Anfang 2001, nicht einmal zwei Jahre nach dem Börsengang, hatte sich der Hype gelegt und die *FAZ* witzelte:»Den Anlegern vergeht die Lust« – ganz im inzwischen üblich gewordenen Stil der schlüpfrigen Wortspiele, die man sich in der Presse rund um die Berichterstattung des Börsengangs von Uhse angewöhnt hatte. Darin hieß es:»Am Freitag verliert die Aktie 6,5 Prozent auf 11,50 Euro und markiert damit ein neues Rekordtief.

Aber woran krankt der Kurs, wenn das Geschäftsmodell doch für jedermann verständlich und angeblich auch krisensicher ist? Beate Uhse hat sich mit einer schlechten Informationspolitik die Gunst der Aktionäre verspielt.«[176] Tatsächlich hatte sich die Firma, so wie viele, die am sogenannten »Neuen Markt« mit großen Sprüchen gestartet sind, verkalkuliert. Damals dachte man, das nächste große Geld warte nur auf einen. Angeheizt wurde diese Einschätzung – und dadurch auch die Entwicklung des Neues Marktes zu einer großen Blase – vor allem durch Anlegerzeitschriften, in denen manche tatsächlichen, aber auch so manche vermeintlichen Fachleute, die »Börsengurus« genannt wurden, durch übertriebene Kaufempfehlungen die Kurse antrieben – es entstand eine große Spekulationsblase. So eine Spekulationsblase sieht, wenn man mittendrin ist, offenbar so aus, als läge das Geld quasi auf der Straße, man müsse nur zugreifen. Doch so war das nicht. Der *Generalanzeiger Bonn* schrieb später über die Verluste, die auch Beate Uhse in dieser Zeit hinnehmen musste:

»Als der Neue Markt die Aktienkurse in die Höhe trieb, brachten ihre Erben das Unternehmen an die Börse. Sie wollten Kasse machen. Die Aktie stieg rasant und stürzte brutal ab. Tausende Investoren fühlten sich betrogen. Beate Uhse starb 2001, ihr Erbe als Unternehmerin war da schon stark angegriffen.«[177]

Doch vor dem Abstieg der Aktie und vor ihrem Tod gab es noch einige erfreuliche Ehrungen für Beate. Zum Beispiel die Verleihung der sogenannten »Ehren-Venus« des Bundesverbands des Erotikhandels, die Beate 1997 für ihre Lebensleistung verliehen bekam. Und dazu eine Laudatio von Geschäftsführer Sven Hurum, in der noch einmal respektvoll gewürdigt wird, wofür Beate Uhse alles steht:

»Schon ihr Name bringt die Phantasie zum Blühen. Was wurde nicht alles über diese Frau geschrieben? ›Frau Oberst der Luftwaffe‹, ›Liebesdienerin der Nation‹, ›Orgas-Muse‹ und ›Marketenderin‹ aller Kissenschlachten. Die Wahrheit ist sachlicher«, meint Hurum und fährt fort:

»Sie ist schlicht und einfach die Pionierin der gesamten Erotikbranche – und, wenn Sie so wollen, die Mutter unserer Branche.«[178]

Da ist sie wieder, die Beate-Uhse-Story.

Zum 80. Geburtstag, im Herbst 1999, gab es dann noch die Ehrenbürgerwürde der Stadt Flensburg. Man bat Beate, sich ins Goldene Buch der Stadt einzutragen, eine Gedenktafel an ihrem ehemaligen Wohnhaus am Marienkirchhof wurde enthüllt, darauf steht bis heute zu lesen: »Hier lebte Beate Uhse von 1948 bis 1961.« Zu dieser Gelegenheit hielt sogar der Pastor eine Rede und nannte Beate eine »hervorragende Unternehmerin und großartige Frau«.[179]

Nur wenig später kam der »Prix Hot d'Or«, den man ihr 2000 auf dem Filmfest in Cannes überreichte – auch für ihr Lebenswerk.

Das Sex-Image der Firma Beate Uhse

Während in ihren letzten Lebensjahren die Person Beate Rotermund geehrt und gefeiert wird, führt die Firma Beate Uhse ihr Geschäft mit dem Sex fort. Auch Beate ist noch Teil davon, so schreibt sie in ihrer Autobiografie: »Müßiggang ist mir fremd. Ich fordere mich weiterhin, fahre morgens um neun Uhr in die Firma und bleibe bis mittags um zwei.«[180] Doch die Firma hat nach wie vor eine andere Ausrichtung als die Beate-Uhse-Story, die bei all den Ehrungen immer wieder neu erzählt wird. Da ist zum Beispiel eine Publikation mit dem Titel »Deutschland total intim. Der große Beate-Uhse-Report über das sexuelle Erleben der Deutschen« aus dem Jahr 1999.[181] Wie schon öfters veröffentlichte die Firma dabei ein Buch, das wie eine Studie aussehen soll, aber am Ende geht es um zwei zentrale Dinge: An erster Stelle steht natürlich die Firmen-PR. An zweiter Stelle wird der Voyeurismus der Kunden bedient. Aufbereitet sind Kundenfeedback und Antworten auf eine Kundenbefragung (also die Gruppe der Menschen, die bei Beate Uhse einkauften). Es ging um »das erste Mal«, darum, was man als »pervers« empfand, es gibt einige Vergleiche zwischen Ost und West und dazwischen jede Menge Bilder. Besonders die Anekdoten vermeintlicher Kund*innen des Hauses sollen unterstreichen, wie »normal« Dinge wie Gruppensex, der Wunsch nach Sex mit einem Asiaten oder Schwarzen oder auch Männer sind, die »immerzu könnten«. Die Geschichten sind alle etwas überdreht, die Sprache bewusst »geil« und Tabus soll es offenbar keine geben. Zwischen all den grellen Grafiken und den Bildern nackter Haut sticht jedoch ein angeblich authentischer Erfahrungsbericht von »Beate Uhse-Kundin Ulla S.« hervor, die ihr erstes Mal im Swingerclub beschreibt. Sie startet mit den Worten:

»Ich war aufgeregt, aber mein Mann sagte, ich müsste mich einfach entspannen und alles mit mir geschehen lassen. Dann würde es mir viel Spaß machen.«[182]

Hier würde für viele moderne Menschen der Spaß bereits aufhören: Welcher Mann empfiehlt seiner aufgeregten Partnerin, alles mit sich geschehen zu lassen? Doch damit nicht genug. »Ulla« beschreibt weiter, wie sie gemeinsam in einer großen Villa ankommen, wo überall Paare liegen und sich lieben und sie gar nicht weiß, wohin sie gucken soll. »Außer meinen Mann hatte ich noch nie einen anderen Mann nackt gesehen«, berichtet sie. Man kann sich, sollte dies der Wahrheit entsprechen, die Überforderung der Frau ausmalen. Ihr Mann zog sich aus, eine kräftige blonde Frau geht mit ihm weg. »Ulla« wurde also allein gelassen. Sie zog sich auch aus, behielt aber den Slip an. Was sie jetzt schildert, klingt nicht nach dem, was wir heute als konsensualen Sex bezeichnen würden:

»Ich setzte mich auf eine Couch und schnell war da auch ein Mann bei mir und zog mir das Höschen aus. Dann legte er sich auf mich, bog meine Beine auseinander und bearbeitete mich wie ein Stier. Seine Bewegungen waren so wild, dass die Couch wackelte. Das war ja schon beinahe eine Vergewaltigung.«

Ulla kommt nicht in den Sinn, dass Sex ohne Zustimmung einer der beteiligten Personen wirklich eine Art Vergewaltigung *ist*. In manchen Ländern kommt man dafür tatsächlich ins Gefängnis und wenn man heute in eine Suchmaschine »Sex without consent« eingibt, dann taucht als Erstes das Hilfetelefon in der Suche auf, dann eine Seite von Amnesty International, auf der es heißt: »Sex without consent is rape« – also: Sex ohne Konsens ist eine Vergewaltigung. Vielleicht hätte man das auch mal dem Herausgeber dieses Buches sagen sollen.

»Ulla« beschreibt in ihrem Bericht, wie es aber trotzdem anfängt, ihr »ein bisschen« zu gefallen. Doch dann kommt es noch schlimmer:

»Zwei andere Männer hoben mich hoch und legten mich auf einen großen Tisch. Ich war die Neue, sagten sie, und alle anwesenden Männer hätten jetzt das Recht, es mit mir zu machen, das wäre so üblich.«

Und so geschieht es auch. Was »Ulla« hier beschreibt – so es sie denn wirklich gab und diese Geschichte nicht nur (wonach es mehr klingt) eine Männerfantasie ist, die man einer Frau unterjubelt – ist eine Gruppenvergewaltigung, sexuelle Nötigung, also die Beschreibung einer ganz klaren Grenz-

182

überschreitung. Zu lesen in einem PR-Buch der Firma Beate Uhse. Ein klassischer Vergewaltigungsmythos, in dem das Opfer angeblich vom Täter überwältigt werden wollte, obwohl es nie kundgetan hat, dass es das will.

Das sexuelle Image der Firma bedient solche Mythen nicht zufällig, sondern weil es das ist, was ein Teil der Kunden gerne hören will. Dass Frauen »Nein« sagen und »Ja« meinen. Dass man über sie bestimmen kann, wie »Ullas« Mann in der Geschichte, und dass sie sich den sexuellen Fantasien der Männer zu fügen haben. Dass ihre Meinung, ihre Scheu oder ihre Abneigung keine echte Rolle spielt.

Hier zeigt sich, dass man die Kritik der Frauen während der sogenannten »PorNO«-Debatte in den 1980er Jahren nicht nur nicht weiter ernst genommen hat, sondern man hat eigentlich keine Notwendigkeit gesehen, die eigene Haltung gegenüber Frauen in Filmen oder Publikationen irgendwie kritisch zu hinterfragen. Frauen, so war es ab Mitte der 1970er Jahre und so blieb es bis zum Schluss, waren bei Uhse eben Mittel zum Zweck. Beate hat sich von dieser Haltung zu Lebzeiten nie distanziert.

Erinnerungen an Beate

Am 16. Juli 2001 ist Beate Uhse nach schwerer Krankheit in St. Gallen in der Schweiz gestorben.

Die Rede auf ihrer Beerdigung, die Prof. Horst Frank gehalten hat, zeigt noch einmal ganz schön, wie ihr Leben auch von anderen, teils nahestehenden Menschen gesehen wurde:

»Was die meisten Außenstehenden wohl kaum verstehen werden, sie war eine richtige **Familienmutter**, die voll Liebe für die ihren sorgte und ihr Heim hegte. Ich sehe noch vor mir die von ihr geschmackvoll und zweckdienlich eingerichtete kleine Wohnung am Marienkirchhof. [...] Dort war ihr erstes wirkliches Zuhause nach den Jahren der Flucht und des Unbehaustseins im Kreise einer eigenen Familie. Ich denke auch zurück an jene sommerlichen **Campingquartiere** in den Ferien an der Förde in Solitüde und später an der Ostsee in Pottloch. Bei ihr war alles ganz unkompliziert, naturnah und von erfrischender Herzlichkeit. Was hat sie ihren Kindern doch für eine beneidenswerte Jugendzeit bereitet! Dabei oft mit wenigen Mitteln und wegen der vielen Arbeit geringen Freizeit. Aber ich habe sie nie stöhnen gehört, höchstens lautstark schimpfen. Und schließlich, als endlich das Geld dafür reichte, das landschaftlich herrliche Familiendomizil am **Rüder See**. [...] Für sie, die bei ihren Eltern in Ostpreußen auf eigenem Grund großgeworden war, war es die Genugtuung, wieder auf eigenem Grund leben zu können, dies mit einem Garten, in dem sie – das Kind vom Lande – roden und pflanzen, säen und ernten konnte. Es sollte sein ein festes Heim für die eigene Familie, bald nicht nur unter einem Dach, sondern auf dem selben Grund unter mehreren Dächern. Denn dies war mit Ewe ihr gemeinsamer Plan, mit mehreren übers Gelände verteilten Hütten eine Siedlung für den ganzen **Clan** zu schaffen. Eine bezeichnende Absicht! So haben dann miteinander Klaus, Bärbel, Dirk und Ulli ein gut Teil ihrer Jugend verlebt.

Dazu dann die Urlaubsreisen von Beate und Ewe mit den gemeinsamen Kindern. Vielleicht war dies, so voller Zukunftshoffnung, Beates glücklichste Zeit nach den schlimmen Kriegs- und Nachkriegsjahren. Hier war sie – berlinerisch gesprochen – ›die Mutter von's Ganze‹: eine von ihr gern übernommene Rolle. Sie wollte sie ausleben und auskosten. [...] so hoffte sie auch einst ihre Altersjahre zu verbringen: Im Kreise ihrer Kinder und Kindeskinder, an der Seite Ewes auf der Bank vor dem eigenen Haus im warmen Schein der Abendsonne. Diese Idylle war ein Traum, der keine Erfüllung finden sollte. Aus verschiedenen Gründen nicht, vielleicht auch darum nicht, weil er eben nur **einer** Seite von Beates Wesen entsprach, die aber auch zu ihrem Wesen gehörte, weswegen ich sie hier erwähne, da wir ihrer gedenken. Wir kennen den Hauptgrund des Scheiterns: Es war die Trennung von **Ewe**. Dass diese Trennung so schmerzlich war, hängt gewiss damit zusammen, dass mit ihr jener Traum einer gemeinsamen Zukunft bis ins Alter scheiterte. Von da an, scheint mir, wurde Beate eine andere: gehörte ihre Zuneigung mehr denn je ihrem Unternehmen, ihrem ›Kind‹, wie sie es nannte, das nun wuchs und wuchs.

[…]

Doch Jahre später kam der schwere Schlag: der Tod von Klaus, ihrem Erstgeborenen, mit dem sie einst aus dem brennenden Berlin geflüchtet war. Die Trennung von Ewe hatte sie mit der Unzuverlässigkeit menschlicher Bindungen konfrontiert: Wie hat sie doch um ihn gekämpft, schon damals, als sie den aus Südamerika heimgekehrten Vater ihres Kindes aus dem Gefängnis in Lörrach holte! Doch Ewes Eigensinn war stärker. Nun der Tod von Klaus konfrontierte sie mit der unerbittlichen Macht einer heimtückischen Krankheit. […]

Ich habe von Erinnerungen gesprochen: von dem, was vielen von uns noch im Gedächtnis lebendig ist. Ich möchte aber noch einen Schritt weiter gehen und versuchen, soweit mir dies möglich ist, Beates **Persönlichkeit** zu bezeichnen.

Sie hat einmal zu einem Reporter gesagt: *Ich bin eine Kämpferin, deswegen lebe ich noch.* Das war, als sie ihre Krebserkrankung überstanden hatte. Ihr unbändiger Lebenswille hatte über die heimtückische Krankheit gesiegt. Das war vor siebzehn Jahren. Und wenn wir auf ihr Leben zurückblicken, dann hat sie immer wieder kämpfen müssen, hat auch kämpfen wollen und sich durchgesetzt: Sie hat, als sie 18 war, sich durchgesetzt mit ihrem Wunsch, Fliegerin zu werden. […] Sie hat, als ihr die Flucht aus dem brennenden Berlin nach Schleswig-Holstein geglückt war, sich entschlossen eine neue eigene Existenz aufgebaut, mit der sie schließlich zu der bedeutenden Unternehmerin wurde, deren Name heute allen Deutschen ein Begriff ist. […] Sie hat für ihre Firma gekämpft, wie eine Mutter für ihr Kind, hat sich unzählige Male erfolgreich vor den Schranken der Gerichte behauptet. Sie hat um ihre Familie gekämpft, auch um Ewe, ihren Mann. Und sie hat dabei, das wissen wir alle, nicht immer gesiegt.

War der Kampf ihr Lebenselement? Ich meine wohl, dies aber zugleich in einem weiteren Sinne, nämlich in dem des **Wettkampfs**. Um das zu bezeichnen, was ich meine, fehlt uns im Deutschen der Begriff. Die alten Griechen aber hatten ein Wort dafür: ›agon‹: in Konkurrenz mit anderen sich als der Schnellste, Tüchtigste, Beste zu erweisen. Dies war nicht nur die Grundidee der olympischen Wettkämpfe, es galt als die Tugend des menschlichen Strebens überhaupt. Beate war in diesem Sinn ein ›agonaler‹ Mensch.

Dies schon im körperlichen Kräftemessen. *Sport war für mich schon immer das Größte*, hat sie einmal geschrieben. So hat sie ihr Leben lang Sport getrieben. […] Im Grunde war aber auch ihr geschäftlicher Eifer ein sportlicher Ehrgeiz. *Die Schnellen fressen die Langsamen*, war ihr Wahlspruch. Sie war stolz, stets auch hier die Schnellste zu sein und im Rampenlicht zu stehen.

Noch mit über siebzig den Tauchschein – noch und noch immer! Ihr später und schärfster Gegner im Lebenskampf, von dem sie gesprochen hat, weil er der einzige war, dem sie ausgewichen ist, war jedoch das **Älterwerden**, waren die Falten, die uns allen das Leben gräbt, war die nachlassende körperliche Kraft und schwindende Gesundheit. [...] Doch auch sie wurde nach dem Gang der Natur Jahr für Jahr älter. Sie ist dagegen angegangen. Und so haben wir ihn alle miterlebt, diesen Kampf, den sie doch verlieren musste, und haben wohl manchmal spitze Bemerkungen darüber gemacht: Ihr vergebliches Lifting, ihre bunte, allzu jugendliche Garderobe. Sie hat mir im Grunde leidgetan. Ich hätte ihr manchmal zurufen mögen: Mensch Beate, was soll das? Aber sie hätte mich nicht verstanden. Sie konnte wohl nicht anders. [...]

Mein Wunsch zu ihrem siebzigsten Geburtstag blieb unerfüllt, als ich reimte: *Übe Nachsicht, hab Erbarmen / Mit dir selber, mit den Armen / mit den Gliedern und Gelenken / wenn sie dir den Sieg nicht schenken. / Lass die **Unruh** deines Strebens / mit dem Uhrwerk deines Lebens / allgemach im Gleichtakt gehen. / Hält nicht die Natur bereit / jedem Wesen seine Zeit?* Aber sie konnte wohl nicht anders.

Und so sind ihr viele Schmerzen nicht erspart geblieben, zuletzt körperliche und schon früher durch Enttäuschungen manche seelische Schmerzen, schließlich die Bitternis des Alleinseins. [...]«[183] [Hervorhebungen im Original]

Nachwort

Ich habe, als ich zugesagt habe, die Biografie von Beate Uhse zu schreiben, nicht gewusst, was wirklich auf mich zukommt. Die Grundlage meiner Entscheidung für das Buch war der Wikipedia-Artikel »Beate Uhse« in seiner Fassung vom April 2018. Denn was ich persönlich über die Flensburger Unternehmerin wusste, das beschränkte sich auf sehr wenige, sehr ausschnitthafte Erinnerungen an Sexshops und schlüpfrige Werbung für Telefonsex im Teletext der 1990er Jahre. Ich wusste, dass Beate Uhse sehr alt gewesen war, und trotzdem immer wieder einmal in den Medien auftauchte, bevor sie starb. Ich wusste aber nicht, was ich in der Wikipedia las: Dass ihre Mutter eine der ersten Ärztinnen in ganz Deutschland gewesen war. Oder dass Beate ihr Geschäft mit einer Aufklärungsschrift für Frauen nach dem Zweiten Weltkrieg gestartet hatte. Oder dass sie davor sogar Pilotin gewesen war. Auch von ihrem Kampf gegen die Sexualmoral der 1950er Jahre hatte ich bis dahin nichts gewusst! – Was ich hier las, war das Porträt einer sehr spannenden Frau und es interessierte mich, weil der Kontrast zwischen diesem Wikipedia-Artikel und meiner eigenen, selektiven Wahrnehmung von Beate Uhse nicht größer hätte sein können.

Als ich mit dem Schreiben anfing war mir durchaus klar – und ein bisschen hatte ich auch darauf gehofft –, dass ich natürlich nicht die Erste war, die sich mit Beate beschäftigte. So hoffte ich auf zahlreiches Material und dachte, dass ich hier bestimmt aus dem Vollen würde schöpfen können. Einen der ersten Eindrücke von Beate bekam ich in dem 2011 mit Franka Potente verfilmten Porträt »Beate Uhse – Das Recht auf Liebe«. Damals nicht ahnend, dass hier nur wieder einmal wiederholt wurde, was mir erst einige Wochen später, im Gespräch mit Dirk Rotermund und Hans-Werner Melzer, als die »Beate-Uhse-Story« vorgestellt wurde.

Elizabeth Heineman war die Erste, die in ihrer Arbeit über diese Story gestolpert ist. Heineman hat als Historikerin zu Beate Uhse geforscht und viele Gespräche geführt sowie das heutige Archiv im FZH maßgeblich mit verantwortet. Ohne sie und ihre jahrelange Vorarbeit hätte ich nicht so tief hinter die Fassade der PR-Story gucken können. Warum aber wurde ihr Werk in Deutschland so wenig rezipiert? Das Buch »Before Porn Was Legal« nicht einmal übersetzt? In den vielen Jahrzehnten, die Beate Uhse in den Medien rezipiert worden war, gab es nur wenige kritische Blicke hinter die Kulissen. Einst vom *Spiegel* in der Frage der Pornografie, die man tatsächlich bei Beate Uhse unterm Ladentisch erhielt. Später die *EMMA*, die als einzige Publikation danach fragte, welche Rolle eigentlich die Frau, die so groß im Pornobusiness war, im Zweiten Weltkrieg gehabt hatte. Dass *EMMA* sich der eigenen Glaubwürdigkeit beraubte, indem man versuchte, eine direkte Linie von der (von *EMMA* so genannten) »Bomber-Pilotin« zur »Porno-Produzentin« zu ziehen und damit darauf abzuheben, dass Beate eben im Zweifel gar kein Gewissen habe, ist insofern tragisch, als dass danach eigentlich niemand mehr ernsthaft versucht hat, Beates Rolle im Nationalsozialismus und im Zweiten Weltkrieg zu untersuchen. Diese Sache war offenbar durch *EMMA* final gegen die Wand gefahren worden und alle waren sich einig, dass die Feministinnen hier eindeutig übertrieben.

Auch Elizabeth Heineman hat sich nur mit der Rolle Beate Uhses nach dem Zweiten Weltkrieg befasst. So liegen zu der Zeit davor keine aufschlussreichen Arbeiten vor.

Mit Beate Rotermund ist es deswegen ein bisschen so, wie es vielen meiner Generation mit ihren Großeltern geht: Wir können sie leider nicht mehr fragen, was wirklich passiert ist. Gerade im Hinblick auf ihre tatsächliche Rolle im Nationalsozialismus ist das natürlich schade und auch oftmals enttäuschend. Was bleibt, sind viele Lücken und Fragen. Ich habe mich im Rahmen dieses Buches bemüht, sowohl beim Bundesarchiv als auch bei der Friedrich-Wilhelm-Murnau-Stiftung mehr zu Beate Uhses Zeit als Double in Propagandafilmen und später als Hauptmann der Luftwaffe mitten im Zweiten Weltkrieg zu erfahren. Doch die offenen Fragen fanden dabei keine neuen Antworten. Vielleicht sind die übrig gebliebenen Leerstellen einmal eine Dissertation für eine*n Historiker*in. Denn ich glaube, dass man sich an der Stelle vermutlich mit sehr viel mehr Zeit im Gepäck noch einmal auf die Suche machen kann. Auf die Suche nach Antworten, nach Kontexten. War es für Beate unbedingt notwendig, sich als Mutter eines kleinen Babys mit der Überführung von Flugzeugen an die Front in Gefahr zu bringen? Mit wem hatte sie in dieser Zeit zu tun, in welchen Kreisen verkehrte das Ehepaar Uhse? Welche militärischen Logiken griffen hier? Oder gibt es doch noch Zeitzeug*innen, die bislang nicht geredet haben?

Beate selbst hat in der Öffentlichkeit wie viele andere den Weg des Schweigens und der bewussten Lücken gewählt. Sie erzählte zwar bereitwillig von ihrer steilen Karriere als Fliegerin, auch verschwieg sie nie die Aufgabe als Hauptmann im Krieg, doch Details oder gar eine eigene reflektierte Haltung zu der Zeit, den Umständen und der Ideologie, die hinter diesem Krieg steckte, das vermisst man.

Doch nicht nur den Aufwand, den es kosten würde, nach Beates Rolle vor 1945 zu suchen, hatte ich unterschätzt. Schon bei meinem ersten Besuch im Archiv FZH in Hamburg wurde klar, dass es in den Materialien dort eine Art »Bruch« gab. Fanden sich vor 1975 Prospekte und Broschüren, die wie eine freundliche Ehe- und Paarberatung daherkamen und deren Ansprechhaltung durchweg liebevoll und verständnisheischend war, so finden sich nach 1975 ein Haufen Pornomaterial und Kataloge, die gleichermaßen abschreckend wie geschmacklos wirkten. Was war da passiert?

Je länger ich mich mit Beate und der Geschichte der Firma Beate Uhse befasste, desto klarer wurde mir: Das ist hier alles andere als die Emanzipationsgeschichte einer Frau nach 1945, die für die sexuelle Freiheit und das Glück der Menschen kämpft. Mehr und mehr lernte und sah ich, dass es vor allem um Geld ging. Und während ich anfangs noch den Verdacht gehegt hatte, dass es erst 1975 zum Bruch gekommen war, dass es davor wirklich noch um hehre Ideale und Aufklärung gegangen sei, trübte sich im Verlaufe meiner Recherchen auch dieses Bild mehr und mehr. Selbst die *Schrift X*, so stellte sich nach Lektüre des umfangreichen Werkes von Sybille Steinbacher und nach dem Gespräch mit Dirk Rotermund heraus, war eine reine Geschäftsidee gewesen, ja vielleicht sogar regelrecht Wucher.

Als ich später dann im FZH in den Unterlagen auf die Briefe mit John stieß, in denen er um Geld bat, oder auf die Unterlagen, die darauf schließen ließen, dass sie der Paarvermittlerin, der sie Geld geliehen hatte, gar den Gerichtsvollzieher vorbeigeschickt hatte, war ich ehrlich überrascht. Die Härte schien mir angesichts dessen, was Beate selbst besaß und sich auch selbst gönnte, in keinem Verhältnis mit den Beträgen, um die es hier ging.

Und so erklärt sich auch recht schnell, dass es offenbar keine Frage war, ab 1975 nicht mehr darauf zu achten, wie in den eigens produzierten Filmen die Rolle der Frau dargestellt ist. Es ging nicht darum, frauenfreundliche Pornos zu machen – was man ja vielleicht von einer, die immer ihre aufklärerischen und emanzipatorischen Ideale in den Vordergrund gerückt hatte, erwartet hätte. Sondern es ging nur darum, viel Geld zu verdienen. Das zeigt dann auch die letztendliche Abwendung von Klaus und Dirk.

Da der Residenz Verlag mich auch explizit als Journalistin und Autorin mit einer feministischen Haltung für dieses Projekt angefragt hat, möchte ich an dieser Stelle nicht verbergen, dass mich gerade diese uneingeschränkte Hinwendung zum Geld mit allen Konsequenzen, die das auch und gerade in Sachen Frauenemanzipation hatte, im Laufe meiner Arbeit irritiert, ja irgendwie sogar enttäuscht hat. Und doch passte auch das dann wieder ins Bild: Alle, mit denen ich im Laufe der Recherche gesprochen habe, die Beate kannten, erzählten mir, dass sie für Frauen nie viel übrig gehabt habe. Warum also die eigenen Möglichkeiten, Geld zu verdienen, einschränken für ein paar Angehörige des Geschlechts, das Beate ohnehin nicht allzu sehr respektierte?

Alles in allem steht auch hier Beate wieder symbolisch für einen ganz bestimmten Geist der Zeit – nämlich für Männer, die Frauen damals zuhauf erklärten, sie sollten sich nicht so anstellen und mal locker machen, was sei denn schon dabei, ein bisschen schönen Frauen und schönen Männern beim Sex zuzuschauen? Eine Argumentation, die sich fast genau so in Beates Autobiografie wiederfindet und die sich der Debatte, die von vielen frauenbewegten Frauen angezettelt worden war, einfach entzog.

So steht Beate mit ihrer Geschichte tatsächlich für ein sehr typisches deutsches Leben: Eine Frau, die lieber nicht so viel über die eigene Rolle während des Nationalsozialismus sprechen möchte, die dann nach dem Krieg auf Teufel komm raus versucht, Geld zu verdienen und mit wachsendem Erfolg daran arbeitet, die eigene Geschichte als DIE Geschichte hinzustellen. Langsam ein Mythos werdend, die Person hinter einer PR-Story, die sie vielleicht selbst langsam zu glauben beginnt. Auch die Rolle ihres Sohnes Ulrich ist in vielerlei Hinsicht klassisch: Der aufstrebende Sohn, der viel Geld verdienen will, mit Dollarzeichen in den Augen, weil seine Mutter ihn sogar noch dazu ermuntert hat, seit er klein ist. Der Mann, der immer vorne mit dabei sein will, wenn es darum geht, das ganz große Geld zu machen – sei es beim Porno oder sei es am neuen Markt. Und der schlussendlich, wie ebenso viele seiner Art, ein Unternehmen mit mehr als 50 Jahren Firmengeschichte in die Insolvenz treibt. Mit allen Begleiterscheinungen der New Economy, mit allen Zersetzungsproblemen, die der Porno-Markt im Internet für die Branche bedeutet. Trotzdem die Firma nicht ruhmreich endete – immerhin bekam Beate noch viel Ehre und wurde mehrfach für ihr Lebenswerk ausgezeichnet, bevor sie starb. Als würde Deutschland sagen wollen: Schaut, wir sind doch gar nicht so verklemmt, wie man uns nachsagt. Aber auch nicht wirklich hinter die PR-Story des Hauses Uhse blickend.

Und so hoffe ich, dass ich einen kleinen Beitrag leisten konnte und einen etwas differenzierten Blick auf Person und Unternehmen Beate Uhse bieten konnte.

Danksagungen

Mein großer Dank geht an alle, die mit ihrer gründlichen Vorarbeit überhaupt möglich gemacht haben, zum Leben von Beate Uhse / Rotermund zu recherchieren: Elizabeth Heineman, die ein Jahrzehnt vor mir in jahrelanger Arbeit dabei geholfen hat, das Archiv im FZH in Hamburg anzulegen und deren Dissertation in vielerlei Hinsicht überraschende Aha-Momente brachte. Großer Dank geht auch an Frau Schaper, die mir bei den Besuchen in diesem Archiv zur Seite stand.

Zudem möchte ich Frau Heineman dafür danken, dass sie mich bei meiner Puzzlearbeit so tatkräftig unterstützt hat.

Dirk Rotermund hat mich sehr hilfsbereit nach Flensburg eingeladen, mich mit wertvollen Kontakten aus Beates Bekannten- und Freundeskreis versorgt – ohne ihn und ohne Gabi Uhse sowie Bärbel und Hans-Werner Melzer wären mir sehr viele wichtige Details aus dem Leben von Beate verborgen geblieben.

Anne Siegmayer hat für mich eine umfangreiche Recherche im Filmarchiv der Murnau-Stiftung erledigt, danke dafür.

Ich danke außerdem Sybille Steinbacher für ihre Antworten auf meine offenen Fragen und ihr sowie Dagmar Herzog für ihre umfangreiche historische Aufarbeitung des Themas »Sex im 20. Jahrhundert in Deutschland«.

Dieses Buch hat von den stets schnellen und gründlichen Korrekturen meiner Lektorin Christine Dobretsberger enorm profitiert – und meine Nerven danken Claudia Romeder für ihre Geduld während der Entstehung und ihre Kooperation in den Momenten, wo etwas nicht ganz so schnell voranging wie erhofft.

Auch möchte ich meiner Familie danken, die sehr geduldig mit mir war: An erster Stelle meine Kinder, die Großeltern, die manches Mal entlastend eingesprungen sind, und Holger Klein, der mir Zeit erspart hat, indem er mich immer wieder zum Essen einlud oder abends für mich kochte (auch übernahm er die streckenweise sehr wichtige Versorgung mit gutem Wein).

Meine Kolleg*innen bei hauseins und beim Deutschlandfunk Kultur mussten einige Wochen lang allein den Laden schmeißen, danke liebe Susanne, dass du mir den Rücken freigehalten und dafür gesorgt hast, dass unsere kleine Firma weiter prächtig wächst! Und großer Dank an die wackere Christine Watty, die so manche Folge »Lakonisch Elegant« ganz alleine stemmen musste.

Bibliografie

Folgende Bücher und Filme sind direkt zitiert oder für bestimmte Abschnitte des Buches konsultiert worden:

Fritz Bauer, Hans Bürger-Prinz, Hans Giese und Herbert Jäger (Hrsg.): Sexualität und Verbrechen. Frankfurt am Main, 1963

Bettina Bremme: Sexualität im Zerrspiegel. Die Debatte um Pornographie. Münster / New York, 1990

Eva Dane und Renate Schmidt (Hrsg.): Frauen & Männer und Pornographie. Frankfurt am Main, 1990

Sylvain Desmille: Lustvolle Befreiung. Die sexuelle Revolution. Frankreich, 2018 (Film)

Henner Ertel: Erotika und Pornographie. Repräsentative Befragung und psychophysiologische Langzeitstudie zu Konsum und Wirkung. München, 1990

Hermann Glaser: Sexualität und Aggression. Sozialpathologische Aspekte der modernen Gesellschaft. München, 1975

Klaus-Detlev Godau-Schüttke: Ich habe nur dem Recht gedient. Die »Renazifizierung« der Schleswig-Holsteinischen Justiz nach 1945

Elizabeth Heineman: Before Porn Was Legal. The Erotica Empire of Beate Uhse. Chicago and London, 2011

Dagmar Herzog: Lust und Verwundbarkeit. Zur Zeitgeschichte der Sexualität in Europa und den USA. Göttingen, 2018

Jürgen Hobrecht: Beate Uhse. Chronik eines Lebens. Flensburg, 2003

R. Kahle: Deutschland total intim. Der große Beate-Uhse-Report über das sexuelle Erleben der Deutschen. Flensburg, 1999

Oswalt Kolle: Ich bin so frei. Mein Leben. Berlin, 2008

Erwin Leiser:»Deutschland, erwache!« Propaganda im Film des Dritten Reiches. Reinbek bei Hamburg, 1968

Jörg Nimmergut: Werben mit Sex. München, 1966

Jörg Schröder erzählt Ernst Herhaus: Siegfried. Frankfurt am Main, 2018

Alice Schwarzer (Hrsg.): Sexualität. Ein EMMA-Buch. Reinbek bei Hamburg, 1984

Alice Schwarzer (Hrsg.): PorNO. Die Kampagne. Das Gesetz. Die Debatte. EMMA Sonderband, 1988

Anna Maria Sigmund:»Das Geschlechtsleben bestimmen wir«. Sexualität im Dritten Reich. München, 2008

Sybille Steinbacher: Wie der Sex nach Deutschland kam. Der Kampf um Sittlichkeit und Anstand in der frühen Bundesrepublik. München, 2011

Eva Sternheim-Peters: Habe ich denn allein gejubelt? Eine Jugend im Nationalsozialismus. Berlin/München, 2015 (2. Aufl.)

Beate Uhse: Sex in der Partnerschaft. Flensburg, 1974

Beate Uhse: Lustvoll in den Markt. Strategien für schwierige Märkte. Planegg, 2000

Beate Uhse: Sex sells. Die Erfolgsstory von Europas größtem Erotik-Konzern. München, 2002

Beate Uhse/Ulrich Pramann:»Ich will Freiheit für die Liebe«. Beate Uhse. München, 2001

Endnoten

1 Beate Uhse / Ulrich Pramann: »Ich will Freiheit für die Liebe«, Ullstein 2001

2 Quelle: FZH Hamburg

3 Uhse / Pramann: »Ich will Freiheit für die Liebe«, 2001

4 Alle Zitate aus Uhse / Pramann: »Ich will Freiheit für die Liebe«, 2001

5 Uhse / Pramann: »Ich will Freiheit für die Liebe«, 2001

6 Die Lebensfahrt des Martin Luserke. Vortrag von Kurt Sydow zum 100. Geburtstag von Martin Luserke am 3. Mai 1980. Quelle: luserke.net

7 Uhse / Pramann: »Ich will Freiheit für die Liebe«, 2001

8 Uhse / Pramann: »Ich will Freiheit für die Liebe«, 2001

9 Uhse / Pramann: »Ich will Freiheit für die Liebe«, 2001, S. 70

10 Uhse / Pramann: »Ich will Freiheit für die Liebe«, 2001, S. 72

11 Uhse / Pramann: »Ich will Freiheit für die Liebe«, 2001, S. 73

12 Uhse / Pramann: »Ich will Freiheit für die Liebe«, 2001, S. 75

13 Uhse / Pramann: »Ich will Freiheit für die Liebe«, 2001, S. 79

14 Uhse / Pramann: »Ich will Freiheit für die Liebe«, 2001, S. 79

15 Uhse / Pramann: »Ich will Freiheit für die Liebe«, 2001, S. 91

16 Uhse / Pramann: »Ich will Freiheit für die Liebe«, 2001, S. 91

17 Aus: Erwin Leiser, »Deutschland, erwache!« Propaganda im Film des Dritten Reiches, erweiterte Neuausgabe 1989, S. 34

18 Erwin Leiser, »Deutschland, erwache!« Propaganda im Film des Dritten Reiches, erweiterte Neuausgabe 1989, S. 34

19 Eva Sternheim-Peters: Habe ich denn allein gejubelt? Eine Jugend im Nationalsozialismus, Neuauflage 2015, S. 238

20 Eva Sternheim-Peters: Habe ich denn allein gejubelt? Eine Jugend im Nationalsozialismus, Neuauflage 2015, S. 240. Im Übrigen schafften es auch viele, trotz der Jugenddienstpflicht nicht zum BDM zu gehen. Sie nutzten dann zum Beispiel den Umstand, bei einem Umzug aus der Kartei zu fallen. Viele BDM-Führerinnen hatten aber auch keine Lust auf Mädchen, die sich nicht für das »große Ganze« interessierten und nicht so einfach zu indoktrinieren waren, und verzichteten daher sehr gerne auf deren Erscheinen, ohne es zu melden.

21 Ebd., S. 241

22 Uhse / Pramann: »Ich will Freiheit für die Liebe«, 2001, S. 99

23 Steinbacher: Wie der Sex nach Deutschland kam. Siedler Verlag, München 2011, S. 240

24 Quelle: Sybille Steinbacher: Wie der Sex nach Deutschland kam, S. 240

25 Axel Schildt: Deutsche Kulturgeschichte. Hanser, München 2009, S. 103

26 Quelle: Uhse / Pramann: »Ich will Freiheit für die Liebe«, 2001, S. 116.

27 Vgl. Kaspar Maase: Die Kinder der Massenkultur. Kontroversen um Schmutz und Schund seit dem Kaiserreich. Campus 2012

28 Vgl. Steinbacher: Wie der Sex nach Deutschland kam, S. 58 ff.

29 Sybille Steinbacher: Wie der Sex nach Deutschland kam, S. 246

30 Zitiert nach Steinbacher, S. 246/247

31 Sybille Steinbacher: Wie der Sex nach Deutschland kam, S. 248

32 Elizabeth Heineman: Before Porn Was Legal. The Erotica Empire of Beate Uhse. Chicago & London 2011

33 Quelle: Stimmt in unserer Ehe alles? – Beate-Uhse-Katalog von 1951.

34 Es bleibt weiter zu verfolgen, ob dieser große Idealismus auch später noch Bestand hat und ob das »Glück der Frauen« sowie die Erhaltung der Ehe als Maßstäbe ihre Relevanz bei Beate Uhse behalten.

35 Gemeint ist Professor Alfred Charles Kinsey, der als Auslöser für die Sexuelle Revolution in den USA gilt (siehe Kapitel 5 zur Sexwelle).

36 Moderne Influencer agieren auf Social Media, das es zu Beate Rotermunds Lebzeiten natürlich noch nicht gab. Doch die Art und Weise ähnelt sich sehr. Im Online-Marketing-Lexikon heißt es: »Beim Influencer (engl. to influence: beeinflussen) Marketing werden gezielt Meinungsmacher mit einer reichweitenstarken Community für Marketing- und Kommunikationszwecke eingesetzt. Ziel ist es, auf Grundlage des Vertrauens der jeweiligen Zielgruppe zu den Influencern, die Wertigkeit und Glaubwürdigkeit der eigenen Markenbotschaft zu steigern.« [Hervorhebung durch d. Autorin] Und genau das trifft auf die Art und Weise, wie Rotermund für ihre Firma auftritt, zu.

37 Elizabeth Heineman: Before Porn Was Legal, S. 68

38 Elizabeth Heineman: Before Porn Was Legal, S. 68

39 Quelle: Elizabeth Heineman: Before Porn Was Legal, S. 52

40 Quelle: Elizabeth Heineman: Before Porn Was Legal, S. 65

41 Quelle: Museum für Verhütung und Schwangerschaft, Wien

42 Elizabeth Heineman in einem Interview mit der Autorin 2019

43 Elizabeth Heineman: Before Porn Was Legal, S. 91

44 Vgl.: Klaus-Detlev Godau-Schüttge: Ich habe nur dem Recht gedient. Die »Renazifizierung« der Schleswig-Holsteinischen Justiz nach 1945. Nomos, Baden-Baden 1993

45 Ewes Vater Wilhelm Rotermund war Kapitän zur See und kam aus einer Pastorenfamilie südlich von Hannover. Er hatte fünf Kinder, Ewe war das älteste. Wilhelm machte sich in Flensburg als Spediteur selbständig, weil dort sein Bruder Propst

in der Marienkirche war. Wilhelm gehörte zwar nicht zum Flensburger Geldadel, aber war angesehen. Sohn Heinrich heiratete in eine Flensburger Reederfamilie.

46 Jürgen Kniep: Keine Jugendfreigabe! Filmzensur in Westdeutschland 1949–1990. Wallstein Verlag, Göttingen 2010

47 Erica Jong in der arte-Doku:»Lustvolle Befreiung. Die sexuelle Revolution«, ein Film von Sylvain Desmille. Arte France 2018

48 Elizabeth Heineman im Interview mit der Autorin, Januar 2019

49 Erica Jong in:»Lustvolle Befreiung. Die sexuelle Revolution«. Arte France 2018

50 Wie Beate in ihrer Autobiografie schilderte, hatte damals niemand einen Pass, was das Auswandern rechtlich unmöglich machte. Dennoch versuchten eben viele ohne Pass, und somit illegal, ihr Glück.

51 Denn diese Methode ist keineswegs als sichere Verhütung anzusehen, wie man übrigens auch damals schon wusste. Das reine Berechnen der fruchtbaren und nicht fruchtbaren Tage, ohne die Einbeziehung sympto thermaler Faktoren, ist geradezu ein Glücksspiel.

52 Uhse / Pramann:»Ich will Freiheit für die Liebe«, 2001, S. 145

53 Uhse / Pramann:»Ich will Freiheit für die Liebe«, 2001, S. 145

54 Uhse / Pramann:»Ich will Freiheit für die Liebe«, 2001, S. 149

55 Uhse / Pramann:»Ich will Freiheit für die Liebe«, 2001, S. 153

56 Uhse / Pramann:»Ich will Freiheit für die Liebe«, 2001, S. 203

57 Uhse / Pramann:»Ich will Freiheit für die Liebe«, 2001

58 Uhse / Pramann:»Ich will Freiheit für die Liebe«, 2001, S. 202

59 Gabi Uhse im Gespräch mit der Autorin, 2019

60 Gabi Uhse im Gespräch mit der Autorin, 2019

61 Uhse / Pramann:»Ich will Freiheit für die Liebe«, 2001, S. 217 ff.

62 Quelle: Psiram.com:»Wiedemann Zelltherapie« (abgerufen am 3. 4. 2019) und »Serumtherapie nach Bogomoletz« (abgerufen am 3. 4. 2019)

63 Merkur vom 30. 6. 2018:»Promi-Krankenakten liegen in verlassener Klinik herum.« von Sebastian Dorn

64 Uhse / Pramann:»Ich will Freiheit für die Liebe«, 2001, S. 153

65 Zählt man alle Zahlen zusammen, muss der Aufenthalt in Ambach ca. 1955–1957 gewesen sein.

66 Uhse / Pramann:»Ich will Freiheit für die Liebe«, 2001, S. 154

67 Uhse / Pramann:»Ich will Freiheit für die Liebe«, 2001, S. 155

68 Quelle: Interview mit Gabi Uhse von 2019

69 Quelle: Interview mit Dirk Rotermund im Oktober 2018

70 Uhse / Pramann:»Ich will Freiheit für die Liebe«, 2001, S. 218

71 Uhse / Pramann:»Ich will Freiheit für die Liebe«, 2001, S. 220

72 Uhse / Pramann:»Ich will Freiheit für die Liebe«, 2001, S. 221

73 Quelle: FZH Hamburg, Eidesstattliche Erklärung von Detlev Lorenzen

74 Quelle: Gespräch mit Dirk Rotermund im Oktober 2018

75 Quelle: FZH Hamburg

76 Quelle: Gespräch mit Dirk Rotermund, Oktober 2018

77 Uhse / Pramann: »Ich will Freiheit für die Liebe«, 2001, S. 226

78 Quelle: FZH Hamburg, Beate-Uhse-Archiv

79 Uhse / Pramann: »Ich will Freiheit für die Liebe«, 2001, S. 224

80 Uhse / Pramann: »Ich will Freiheit für die Liebe«, 2001, S. 225

81 Uhse / Pramann: »Ich will Freiheit für die Liebe«, 2001, S. 226

82 Uhse / Pramann: »Ich will Freiheit für die Liebe«, 2001, S. 247

83 Uhse / Pramann: »Ich will Freiheit für die Liebe«, 2001, S. 251

84 Gabi Uhse im Gespräch, 2019

85 Quelle: FZH Hamburg (Briefe übersetzt aus dem Englischen durch die Autorin)

86 Quelle: FZH Hamburg (Briefe übersetzt aus dem Englischen durch die Autorin)

87 Quelle: ZEIT vom 29. Januar 1971. Als »einfache Pornografie« war von »harter« Pornografie vor allem dadurch zu unterscheiden, letztere Darstellungen betraf, »die Gewalttätigkeiten gegen Menschen in grausamer oder sonst unmenschlicher Weise schildern und dadurch Verherrlichung oder Verharmlosung solcher Gewalttaten ausdrücken oder zum Rassenhass anstacheln«, wie es bei Renate Schmidt in ihrem Buch »Frauen & Männer und Pornographie« von 1990 heißt (S. 18).

88 dpa-Meldung vom 27. Januar 1975 in der Frankfurter Rundschau

89 Aus dem Stern von 1971

90 Vgl. dazu: Elizabeth Heineman: Before Porn Was Legal, S. 138

91 Jörg Schröder erzählt Ernst Herhaus: Siegfried. Schöffling & Co. 2018

92 Vgl. Elizabeth Heineman: Before Porn Was Legal, S. 144/145

93 Beate Uhse: Sex in der Partnerschaft. Stephenson 1974, S. 12

94 Mithu Sanyal: Vulva. Enthüllung des unsichtbaren Geschlechts. Klaus Wagenbach

95 Beate Uhse: Sex in der Partnerschaft, S. 24

96 Beate Uhse: Sex in der Partnerschaft, S. 16 ff.

97 Uhse / Pramann: »Ich will Freiheit für die Liebe«, 2001, S. 249

98 Beate Uhse: »Sex in der Partnerschaft«, S. 17

99 Beate Uhse: »Sex in der Partnerschaft«, S. 67

100 Beate Uhse: »Sex in der Partnerschaft«, S. 71

101 Geprägt wurde der Begriff »Male Gaze« von der Filmkritikerin Laura Mulvey. Mulvey argumentierte bereits 1975 in ihrem Essay »Visual Pleasure and Narrative Cinema«, dass in vielen Filmen eine sexuelle Ungleichheit dargestellt würde, die mit der politischen, sozialen und wirtschaftlichen Ungleichheit der Geschlechter in der Gesellschaft einherginge, und dass der »Male Gaze« diese Ungleichheit manifestiere.

102 Uhse / Pramann: »Ich will Freiheit für die Liebe«, 2001, S. 232

103 Uhse / Pramann: »Ich will Freiheit für die Liebe«, 2001, S. 232

104 Spiegel Nr. 45, 1. November 1971, S. 95

105 Uhse / Pramann: »Ich will Freiheit für die Liebe«, 2001, S. 232.

106 Uhse / Pramann: »Ich will Freiheit für die Liebe«, 2001, S. 237

107 Uhse / Pramann: »Ich will Freiheit für die Liebe«, 2001, S. 235

108 Annie Le Brun in »Sexuelle Revolution«. Film von Arte France, 2018

109 Annie Le Brun in »Sexuelle Revolution«. Film von Arte France, 2018

110 EMMA Sonderband 5, PorNO. Die Kampagne, das Gesetz, die Debatte. Herausgegeben von Alice Schwarzer, 1988, S. 42

111 Vgl. PorNO. Opfer & Täter. Gegenwehr & Backlash. Verantwortung & Gesetz. Schwarzer, Alice (Hrsg.), 1994

112 Günter Amendt: Von der Sexfront in den Grabenkampf – von der Sexualkampagne zur PorNO-Diskussion. In: Eva Dahne und Renate Schmidt (Hrsg.): Frauen & Männer und Pornografie. Fischer 1990, S. 26.

113 Günter Amendt: Von der Sexfront in den Grabenkampf – von der Sexualkampagne zur PorNO-Diskussion. In: Eva Dahne und Renate Schmidt (Hrsg.): Frauen & Männer und Pornografie. Fischer 1990, S. 29

114 Kurz für: Bondage & Discipline, Dominance & Submission, Sadism & Masochism

115 Uhse / Pramann: »Ich will Freiheit für die Liebe«, 2001, S. 239/240

116 Aus dem Gespräch mit der Autorin 2018

117 Aus dem Gespräch mit der Autorin 2018

118 Quelle: Beate Uhse: Sex sells. Die Erfolgsstory von Europas größtem Erotik-Konzern. Knaur 2002, S. 44

119 Uhse / Pramann: »Ich will Freiheit für die Liebe«, 2001, S. 251/252

120 Vgl. Uhse / Pramann: »Ich will Freiheit für die Liebe«, 2001, S. 252

121 Vgl. Elizabeth Heineman: Before Porn Was Legal, S. 164

122 Beate Uhse: Sex sells. Die Erfolgsstory von Europas größtem Erotik-Konzern. Knaur 2002, S. 72

123 Uta van Steen im Interview mit dem Hamburger Abendblatt: »Beate Uhse. Ein Leben im krassen Widerspruch«. Vom 6. 9. 2003

124 Beate Uhse: Sex sells. Die Erfolgsstory von Europas größtem Erotik-Konzern. Knaur 2002, S. 76

125 Beate Uhse: Sex sells. Die Erfolgsstory von Europas größtem Erotik-Konzern. Knaur 2002, S. 87

126 Uhse / Pramann: »Ich will Freiheit für die Liebe«, 2001, S. 253/254

127 Gabi Uhse im Gespräch mit der Autorin 2019

128 Gabi Uhse im Gespräch mit der Autorin 2019

129 Dokument: »Fragen an DR von MR 11. 5.18«, laut einer E-Mail von Dirk Rotermund

130 Quelle: Gabi Uhse im Gespräch mit der Autorin, Transkript 2019

131 Gabi Uhse im Gespräch mit der Autorin 2019

132 Uhse / Pramann: »Ich will Freiheit für die Liebe«, 2001, S. 258

133 Uhse / Pramann: »Ich will Freiheit für die Liebe«, 2001, S. 259

134 Quelle: Gabi Uhse im Gespräch mit der Autorin, Transkript 2019

135 Brief von Dirk Rotermund an Beate Uhse, Quelle: FZH Hamburg

136 Hansi Thomsen im Gespräch mit Elizabeth Heineman, März 2003, Transkript

137 ZEIT Nr. 12/1985: »Als Novität ein Gummi-Mann«, von Claudia Pai

138 Jürgen Hobrecht: Beate Uhse. Chronik eines Lebens, Beate Uhse Holding 2003, S. 71; zu beachten ist hier der Herausgeber des Bandes: »Beate Uhse Holding«, es handelt sich also mitnichten um ein rein journalistisches Werk, sondern eines, das im Auftrag der Firma als PR-Material herausgegeben wurde.

139 Jürgen Hobrecht: Beate Uhse. Chronik eines Lebens, Beate Uhse Holding 2003, S. 71

140 Jürgen Hobrecht: Beate Uhse. Chronik eines Lebens, Beate Uhse Holding 2003, S. 72

141 Hansi Thomsen im Gespräch mit Elizabeth Heineman, März 2003, Transkript

142 Vgl. »Liebe Leserin, lieber Leser. Für mehr Spaß zu zweit« – Orion-Katalog ca. 1984, zitiert nach Elizabeth Heineman, S. 165

143 Dokument: Fragen an DR von MR 11.5.18

144 Das sieht man auch an der Ausrichtung des Bandes »Sex sells. Die Erfolgsstory von Europas größtem Erotik-Konzern«. Allein der Titel macht deutlich, dass seit »Stimmt in unserer Ehe alles?« eine lange Zeit vergangen ist.

145 Uhse / Pramann: »Ich will Freiheit für die Liebe«, 2001, S. 261

146 Uhse / Pramann: »Ich will Freiheit für die Liebe«, 2001, S. 262

147 Gespräch der Autorin mit Gabi Uhse 2019 (Transkript)

148 Mallorca-Zeitung vom 3.2.2011: Beate-Uhse-Enkel Philipp Rotermund: »Sie Oma zu nennen war streng verboten«. Abgerufen am 10.6.2019

149 Uhse / Pramann: »Ich will Freiheit für die Liebe«, 2001, S. 262/263

150 Uhse / Pramann: »Ich will Freiheit für die Liebe«, 2001, S. 268

151 Uhse / Pramann: »Ich will Freiheit für die Liebe«, 2001, S. 268

152 Beate Uhse: Sex sells, S. 21 ff.

153 Quelle: Zeitungsartikel im Beate-Uhse-Archiv, FZH

154 Flensburger Tageblatt, 26.1.1990

155 Uhse / Pramann: »Ich will Freiheit für die Liebe«, 2001, S. 270

156 Quelle: FZH Hamburg

157 Interview in der Neuen Westfälischen am 23.6.1990

158 Zitiert nach: Hobrecht: Beate Uhse. Chronik eines Lebens, S. 87

159 Uhse / Pramann: »Ich will Freiheit für die Liebe«, 2001, S. 272

160 Uhse / Pramann: »Ich will Freiheit für die Liebe«, 2001, S. 273

161 Aus dem Gespräch mit Gabi Uhse 2019 (Transkript)

162 Transkript des Interviews, das Elizabeth Heineman mit Hansi Thomsen geführt hat

163 Aus dem Gespräch mit Dirk Rotermund, Oktober 2018 (Transkript)

164 Aus dem Gespräch mit Dirk Rotermund, Oktober 2018 (Transkript)

165 Aus dem Gespräch mit Gabi Uhse 2019 (Transkript)

166 Aus dem Gespräch mit Gabi Uhse 2019 (Transkript)

167 Aus dem Gespräch mit Gabi Uhse 2019 (Transkript)

168 Quelle: Beate-Uhse-Archiv, FZH

169 Quelle: Beate-Uhse-Archiv, FZH

170 Quelle: Beate-Uhse-Archiv, FZH

171 Uhse / Pramann: »Ich will Freiheit für die Liebe«, 2001, S. 276 ff.

172 Spiegel vom 27. 5. 1999: »Beate Uhse: Erotik-Aktie erregt die Börse«

173 Tagesspiegel vom 19. 5. 1999: »Aktie von Beate Uhse kostet zwischen sechs und 7,20 Euro«

174 Heise online vom 27. 5. 1999: Sex sells, Beate Uhse im Steilflug, von Christian Persson

175 Tagesspiegel vom 23. 12. 1999: Beate Uhse: Sex sells

176 Frankfurter Allgemeine vom 16. 2. 2001: Den Anlegern vergeht die Lust, von Anke Kreuels

177 General-Anzeiger vom 15. 12. 2017: »Die Beate Uhse AG geht in die Insolvenz«, von Helge Matthiesen

178 Uhse / Pramann: »Ich will Freiheit für die Liebe«, 2001, S. 284

179 Uhse / Pramann: »Ich will Freiheit für die Liebe«, 2001, S. 286

180 Uhse / Pramann: »Ich will Freiheit für die Liebe«, 2001, S. 287

181 R. Kahle: Deutschland total intim. Der große Beate-Uhse-Report über das sexuelle Erleben der Deutschen. Beate Uhse international, Flensburg 1999

182 R. Kahle: Deutschland total intim. Der große Beate-Uhse-Report über das sexuelle Erleben der Deutschen. Beate Uhse international, Flensburg 1999

183 Rede von Prof. Horst Frank zur Beerdigung von Beate Rotermund, 2001. Quelle: FZH Hamburg, Beate-Uhse-Archiv

Johanna Fürstauer

Im Bett mit …

Geschichten von Odysseus
bis Marilyn Monroe

ISBN 978 3 7017 3271 5

Man muss im Bett ja nicht immer nur Schäfchen zählen.
Tatsächlich gibt es kaum etwas, was man im Bett nicht
machen kann: berühmt werden, Geschichte schreiben,
Frieden machen, Krieg führen, um die Welt reisen. Für viele
große Persönlichkeiten der Geschichte, von Odysseus bis
Michael Jackson, von Shakespeare bis Marilyn Monroe, von
Casanova bis Madame Pompadour, war das Bett eben nicht
nur Schlafstatt, sondern Wirkstätte und Bühne. Und von
solchen großen Betten erzählt dieses Buch wunderbar
spannende Geschichten. Für Faule, Müde, Kranke und all
jene, die finden, dass die Welt nicht größer sein müsste als
ihr Bett. Immerhin kann man darin wenigstens ungestört
lesen – wenn sonst nichts los ist! Wie man sich bettet,
so liest man! 3000 Jahre Bettgeschichte im Zeitraffer: über
die Betten von Penelope Popeia, Scheherazade, Richard III.,
Shakespeares Witwe, Ludwig XIV., Mozart, Casanova,
Kaiserin Sisi, Colette, Michael Jackson, Marilyn Monroe
und was sie zu erzählen haben.